매일 생각만 하는 일을 진짜로 해내고 싶다면

THINK REMARKABLE

매일 생각만 하는 일을 진짜로 해내고 싶다면

재능을 뛰어넘는 리마커블의 힘

가이 가와사키, 매디선 누이스머 지음
정지현 옮김

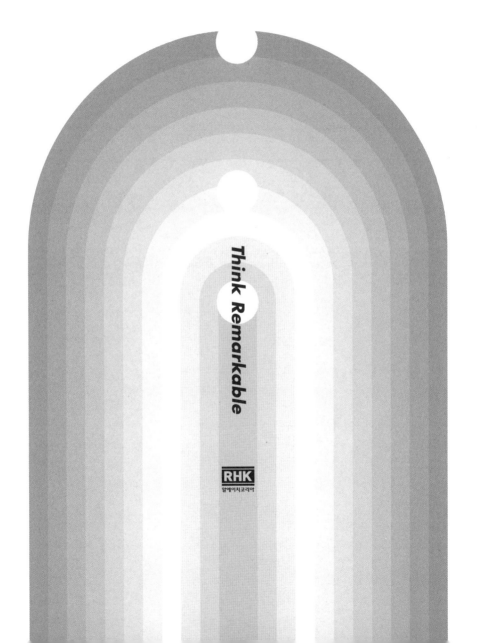

Think Remarkable

RHK
알에이치코리아

Z세대에 바칩니다.

여러분의 시간이 왔습니다.

이 책은 40년이 넘는 업력을 가진 가이 가와사키가

150만 팔로워에게서 받은 고민의 답을

자신이 진행하는 팟캐스트 〈리마커블 피플〉에 출연한

세계 지성인들과의 대담에서 찾아내 정리한 것입니다.

가이에게 이 책의 추천사를 써 달라는 부탁을 받았을 때 제가 써야 할 '글'은 무려 21개나 있었습니다. 탄자니아와 우간다에서 막 돌아왔을 때였지요. 그 전에는 일본과 한국에 있었고 바로 다음 주에는 캐나다, 미국, 브라질을 방문할 예정이었습니다. 그 후에 스페인과 스위스로 떠나 LA로 돌아오는 기나긴 일정이었지요. 그렇기에 정말로 시간이 없었습니다. 하지만 가이는 제 좋은 친구이고, 불확실성과 복잡성이 커지는 세상에서 사람들에게 삶의 방식을 찾는 지침을 제공하는 책이기에 기꺼이 추천사를 쓰겠다고 했습니다.

제가 그의 요청을 승낙한 이후로 세상은 더 뒤숭숭해졌지요. 날씨 패턴의 변화, 생물종의 감소, 전쟁의 공포 때문에 많은 사람이 우울감에 빠졌습니다.

이 책에서 가이는 우리가 이 격동의 시대에 적응하고 살아남도록 도와줄 수 있는 세 가지 특징인 성장, 그릿, 품격을 이야기합니다. 그리고 보다 좋은 쪽으로 변화될 세상으로 나아가는 방법을 탐구합니다.

'성장'은 급격한 변화에 적응하고 예기치 못한 새롭고 힘든 도전을 마주하기 위해 당연히 중요하겠지요. 우리가 살아가는 지구의 천연자원은 무한하지 않은데(일부 지역에서는 이미 고갈되기 시작했지요) 인간과 가축의 숫자는 점점 증가하고 있습니다. 비즈니스 방식과 식량을 재배하는 방식 등이 바뀌지 않으면 안 됩니다.

이 책은 우리가 새로운 사고방식을 길러야 한다고 주장합니다. 빠르게 변하는 세상에서 살아남으려면, 일상을 영위하는 새로운 방법을 찾으려면, 자연과 조화를 이루며 살아가는 기술을 갖추려면, 정신적으로 성장해야만 한다고요. 감정적으로나 윤리적으로도 성장해야만 가난, 인종차별 같은 문제에 대처할 수 있다고 말입니다.

우리가 새로운 사고방식을 기르기 위해서는 '그릿'이 필요합니다. 견디는 힘이 있어야 하지요. 그릿은 처음에는 압도적으로 느껴지는 문제와 씨름하는 용기입니다. 기후변화에 따라 더 적합한 환경에 적응하거나, 이동할 수 없는 동식물들은 점차 멸종될 것입니다. 우리는 고도로 발달한 지성을 갖추었지만 적응 방법을 찾기 위해서는 그릿이 있어야 합니다.

우리는 미래 세대를 위한 환경보호보다 단기적인 이익을 중요시하는 기업과 정부에 맞서는 신념과 용기를 가져야 합니다. 자연이 가진 회복력을 생각하면 그나마 희망을 품게 됩니다. 이 책은 회복력을 기르도록 도와주는 원칙들을 분명하게 설명합니다. 도저히 승산이 없어 보일 때도 굳건하게 일어나 우리의 가치관을 따라가도록 힘을 주는 원칙들입니다.

우리는 대자연의 회복력에서 교훈을 얻어야 합니다. 저는 전 세계를 여행하면서 한때 인간의 활동으로 거의 완전히 파괴되었지만, 시간과 약간의 도움이 주어지자 자연이 본래의 모습을 회복해 동식물이 또 한 번의 기회를 얻는 경우를 정말 많이 보았습니다.

우리는 '가혹한 운명의 화살과 돌팔매를 견디는' 법을 배워야 합니다. 불가능해 보이는 일을 해내고 그들의 신념과 행동 때문에 매도당하거나 심지어 감옥에 갇혀도 절대 포기하지 않는 리마커블한 사람들의 용기를 배워야 합니다.

마지막으로, 우리의 생존을 도와줄 세 번째 자질은 바로 '품격'입니다. 이 책은 품격을 기르는 프레임워크를 제시합니다. 이 세상에는 분열, 차별, 갈등이 너무 많습니다. 친절, 이해, 공감, 공동체 연대의 중요성은 아무리 강조해도 모자람이 없지요.

자연의 생태계는 공생 관계 속에서 번영합니다. 우리 인간도 마찬가지입니다. 사회와 기업이 협력 관계를 맺어야 합니다. 지금 이 순간에도 점점 더 나빠지고만 있는 수많은 문제를 해결하기 위해 힘을 합쳐야 합니다. 가이는 우리가 거래적인 관계 말고도 변혁적인 관계를 맺어야 한다고 주장합니다.

이 책은 일반적인 자기 계발서가 아닙니다. 개인의 삶을 개선할 뿐만 아니라 주변 세상에 긍정적인 영향을 끼치라고 촉구하지요. 우리가 성장, 그릿, 품격을 갖춘다면 변화의 촉매제가 될 수 있다고 말합니다.

이 책에 담긴 생각들은 단순히 소망에 그치지 않습니다. 더 평등하고 조화로운 세상으로 나아갈 수 있도록 우리가 할 수 있는 행동을 제시합니다.

사회적 불평등에서 기후변화, 생물 다양성의 감소에서 분쟁과 전쟁에 이르기까지, 무수한 난관에 부딪힌 우리에게 이 책의 제안은 생각하고 행동하고 목적 있는 삶을 사는 것이 우리 모두의 책임이라는 사실을 되새기게 합니다.

문제로 가득한 이 불확실한 시대에—어떤 이들에게는 절망적이기도 할 것입니다—우리가 힘을 합치는 것은 필수적입니다.

다시 말해서, 우리는 더 좋고 더 공정하고 더 행복한 세상을 만들기 위해 리마커블한 삶을 살아야 합니다. 이 책은 지금 당장 행동해야 한다고 주장합니다. 우리의 삶은 물론 지구의 미래가 우리가 당장 행동하는 것에 달렸습니다.

제인 구달(제인 구달 연구소 설립자이자 유엔 평화 사절)

차 례

1단계 **성장: 토대를 쌓아라**

1장 성장 마인드셋을 가져라

2단계 그릿: 야망을 깨워라

3단계 품격: 다른 사람들에게 희망과 영감을 주어라

생애 최고의 순간이 아직 오지 않았다는 건

너무나 멋진 생각이야.

— 안네 프랑크

다르게 생각하라

1997년, 애플의 광고 대행사 치아트 데이^{Chiat\Day}의 리 클로가 스티브 잡스에게 씽크 디퍼런트^{Think Different} 캠페인 프레젠테이션을 했다. 나도 애플의 수석 에반젤리스트로서 함께 자리했다. 매킨토시와 애플의 정신을 완벽하게 포착한 리의 프레젠테이션은 그 자리에 참석한 약 열 명의 마케팅 전문가를 완전히 매료시켰다.

> 정신 나간 사람들, 부적응자들, 반항아들, 문제아들, 네모난 구멍의 둥근 못 같은 사람들… 다르게 생각하는 모든 이들에게 바칩니다. 그들은 규칙을 좋아하지 않습니다. … 당신은 그들의 말을 인용하거나 그들의 의견에 반대하거나 그들을 미화하거나 헐뜯을 수도 있지만 그들에게 할 수 없는 것이 한 가지 있습니다. 당신은 절대로 그들을 무시할 수 없습니다. 그들은 변화를 가져오기 때문이죠. … 그들은 인류를 앞으로 밀어붙이는 사람들입니다. 어떤 이들의 눈에는 미친 사람들처럼 보이겠지만 우리에게는 천재가 보입니다. 스스로 세상을 바꿀 수 있다고 생각할 정도로 미친 사람만이 정말로 세상을 바꾸니까요.
>
> — 애플의 "씽크 디퍼런트" 광고 문구

당시 애플은 대단히 위태로웠다. 전문가들은 애플이 곧 파산할 것이라고 했다. 마이클 델은 애플이 주주들에게 현금을 돌려주고 회사 문을 닫아야 한다는 제안까지 내놓았다. 그런 시기에 애플과 계속 함께한다는 것 자체가 신뢰의 표시이자 다른 생각 그 자체라고 할 수 있었다.

애플의 "씽크 디프런트" 광고 포스터. 파블로 피카소, 알베르트 아인슈타인, 마사 그레이엄, 넬슨 만델라, 아멜리아 에어하트 같은 리마커블한 사람들의 사진이 담겼다.   ©Nate Kawasaki

　지금은 누구나 다 아는 사실을 이야기하자면, 마이클 델과 전문가들은 틀렸다. 씽크 디퍼런트 광고 캠페인과 매킨토시의 아이맥 라인이 살려 낸 불꽃이 애플을 구했다. 스티브 잡스가 설계한 애플의 기사회생은 정말로 리마커블했고 애플은 역사 상 최고의 가치를 지닌 기업으로 자리매김했다.

　그 회의로부터 몇십 년이 지났다. 그동안 세상은 많이 변했으나 여전히 많은 문제가 존재하고, 새로운 과제가 생겨났으며 해야 할 일이 많이 남아 있다. 하지만 좋은 기회들도 있다. 이제는 당신의 삶과 세상을 바꾸기 위해 단순히 '다르게' 생각하는 것을 넘어 '리마커블'하게 생각해야 한다.

빅 픽처

당신보다 두 배나 나이가 많고 높은 관직에 있는 사람이 당신에게 굴욕을 주려고 한다고 가정해 보자. 당신이 낙태가 허용되어야 할 대상에 대한 그의 의견에 불쾌감을 드러냈다는 이유로 말이다. 이 모든 것은 2022년 7월에 열린 터닝 포인트 미국 학생 행동 정상회의에서 맷 게이츠 의원이 한 말에서 시작되었다.

왜 낙태 허용에 가장 관심을 가지는 사람들은 꼭 임신할 가능성이 가장 낮은 여자들인 거죠? 꼭 엄지손가락처럼 생긴 여자를 임신시키고 싶은 남자가 누가 있다고.

그의 발언은 많은 이들을 불쾌하게 했다. 올리비아 줄리아나도 그중 한 명이었다. 20대의 그녀는 '성소수자, 플러스 사이즈 몸매, 라틴계 여성 운동가'다. 그녀는 즉시 X(당시 트위터)로

그 발언에 대한 불쾌감을 표시했다.

낙태 문제를 위해 단합하는 사람들이 왜 꼭 항상 '아무도 임신 시키고 싶어 하지 않는' '키 157센티미터에 160킬로그램의 혐오스러운' 여자들인지 모르겠다는—아마도 소아성애자가 분명한—맷 게이츠 의원의 발언이 눈에 띄네. 내 키는 180센티미터고 힐을 신으면 193센티미터야. 난 당신 같은 쪼잔한 남자들이 주제 파악을 하게 하려고 힐을 신지.

이에 게이츠 의원은 그녀의 사진과 함께 "분노 유발"이라는 글로 답해 설전에 불을 지폈다. 올리비아는 이 논란을 낙태 권리를 위한 모금 운동 기회로 바꿨고 250만 달러를 모으는 데 성공했다.

올리비아 줄리아나는 말랄라 유사프자이, 데이비드 호그, 그레타 툰베리, 맥스웰 프로스트 등과 더불어 다음 세대에 힘을 전달하는 일에 앞장서는 Z세대의 등불이다.

이 책의 목표도 당신이 변화를 만드는 것을 돕는 것이다. 우선 리마커블remarkable의 의미를 정의해야 한다. 리마커블은 부, 권력, 명성을 쌓는 것을 의미하지 않는다. 그것들을 전부 가졌

으나 전혀 리마커블하지 않은 사람도 있고, 가지지 못했어도 리마커블한 사람이 있다.

이 책에서 리마커블함은 변화를 가져와 세상을 더 좋은 곳으로 만든다는 뜻이다. 그렇다고 해서 올리비아 줄리아나나 제인 구달, 스티브 잡스와 경쟁할 필요는 없다. 물론 그게 당신의 목표라면 말리지 않겠지만. 한 사람의 인생(자신의 인생일 수도 있다), 하나의 조직, 하나의 서식지 또는 하나의 교실을 더 좋게 만드는 것만으로 충분히 리마커블해 질 수 있다.

또한 리마커블함은 당신이 좋은 사람이라는 것을 뜻한다. 리마커블한 사람은 공감을 잘하거나 솔직하거나 마음이 따뜻하다는 말을 듣는다. 다들 기회만 주어진다면 당신의 오하나ohana에 함께하고 싶어 한다. 이것은 하와이어로 당신에게 지지와 관심을 보내는 사람들의 공동체를 뜻한다.

이 책은 영감을 주는 사례들과 로드맵을 제공하지만 가장 중요한 노력은 당신이 스스로 해야 한다. 리마커블함은 타고나는 것도 아니고 저절로 생기는 것도 아니다. 그랬다면 이 책이 세상에 나올 필요도 없었을 것이다.

이 책의 토대

이 책을 쓰는 동안 정보와 영감의 원천이 된 두 가지가 있다. 첫 번째는 수백 명의 리마커블한 사람들이다. 그들은 꼭 부, 권력, 명성을 가지지 못했더라도 세상을 더 나은 곳으로 만들었다는 공통점이 있다. 공감, 회복탄력성, 창의성, 품격이 그들의 성격적 특징이다.

그들은 내 팟캐스트 〈리마커블 피플Remarkable People〉에 출연한 게스트들이다. 올리비아 줄리아나, 제인 구달, 스테이시 에이브럼스, 마크 로버, 캐럴 드웩, 켄 로빈슨, 스티브 워즈니악, 마거릿 애트우드, 줄리아 캐머런, 템플 그랜딘, 로버트 치알디니 등 다수가 포함된다.

두 번째는 나의 직접적인 경험이다. 나는 애플과 캔바의 수석 에반젤리스트였고 구글과 메르세데스-벤츠에서 일했으며 세 개의 회사를 창업했다. 아버지, 남편, '삼촌', 형제, 에반젤리스트, 창업가, 투자자, 작가, 연사, 팟캐스트 진행자, 멘토, ATM, 위키피디아 이사 등 인생에서 맡은 역할도 다양하다.

이 책의 구조

> "20권짜리 2절판 책은 절대로 혁명을 일으키지 못할 것이다.
> 두려워해야 할 것은 주머니에 들어가는 소책자다."
>
> — 볼테르

보통 논픽션 책들은 300쪽에 달하는 방대한 분량으로 단 하나의 생각을 찬양한다. 나도 그런 책을 몇 권이나 써 본 적이 있어서 잘 안다. 하지만 이 책은 "간결한 것이 아름답다 less is more"라는 신조를 받들어 최대한 간결함을 추구한다. 이 책은 다음의 세 개의 단계로 이루어진다.

- 기반 구축을 위한 성장
- 목표를 실현하는 그릿
- 다른 사람들에게 희망과 영감을 주는 품격

변화를 만들기 위해서는 성장, 그릿, 품격이 필요하다. 이 세 가지가 순서대로 필요하다고 할 수도 있지만, 리마커블은 꼭 순차적이지는 않다. 순서에 상관없이 자신에게 필요한 부분을 먼저 읽어도 된다.

각 단계는 세 개의 장로 구성되어 있다. 그리고 각 장에는 그 장의 목표를 달성하는 방법을 설명하는 소제목이 들어 있다. 모든 소제목은 그 내용을 어떤 사람이 활용하면 좋은지를 언급하면서 시작한다.

나는 이 책에서 수십 명을 언급한다. 분명 전부 당신이 아는 이름은 아닐 것이다. 어떤 사람인지 알 수 있도록 맨 뒷부분에 '프로필 목록'을 실었다.

몇 가지 실제 예시를 들어서 비유하자면 이 책은 다음과 같다.

- 《시카고 스타일 매뉴얼The Chicago Manual of Style》(시카고대학출판부에서 지정한 영어 작문 및 인용법에 관한 가이드―옮긴이)이 아니라 《글쓰기의 요소The Elements of Style》(영어의 기본을 18가지 핵심 원칙으로 제시한 영어 학습서―옮긴이)이고
- e하모니가 아니라 틴더이고
- 테드TED가 아니라 틱톡이다.

시작하자!

세상을 바꾸는 리마커블한 사람이 되기란 절대 쉬운 일이 아니지만 한번 노력해 봐도 후회는 없을 것이다. 변화를 만드는 사람은 중요한 의미가 있는 삶을 살고 다른 사람들에게도 리마커블함을 추구하도록 영감을 준다.

마지막으로 꼭 짚고 넘어갈, 미묘하지만 중대한 사실이 있다. 내가 그동안 인터뷰한 사람들은 어느 날 문득 리마커블해지겠다는 목표를 세우고 인생을 바친 것이 아니었다. 그들의 동기는 내적이고 전술적이었다. 인류를 구하는 것, 가난에서 벗어나는 것, 멋진 기기를 발명하는 것, 민주주의를 구하는 것 따위였다.

그들은 이런 목표를 추구하면서 자연스럽게 리마커블해진 것이지, '리마커블해지는 것'이 그들의 원래 목표는 아니었다. 이 책은 당신이라는 사람을 새롭게 패키징하거나 브랜딩하거나 포지셔닝하는 방법을 알려 주지 않는다.

내가 전하고 싶은 메시지는 간단하다. 만약 당신이 리마커블한 일을 하고 무언가를 변화시킨다면 사람들은 당신이 리마커블하다고 말할 것이다. 그들의 입을 막으려고 한들 리마커블하다는 말이 들려올 수밖에 없다. 자, 이제 시작해 보자.

리 클로의 "씽크 디퍼런트" 광고 프레젠테이션과 관련된 뒷이야기가 더 있다. 회의가 끝났을 때 그가 스티브 잡스에게 말했다.

"이 광고의 사본이 두 개 있는데 하나는 스티브에게, 하나는 가이에게 드릴게요."

그러자 스티브가 말했다. 오로지 그가 스티브 잡스이기에 가능한 반응이었다.

"나한테만 주고 가이한테는 주지 마."

그 순간 나는 두려워하지 않고 용기를 낼 필요가 있었다. 나중에 뒤돌아보았을 때 '그때 왜 겁쟁이처럼 물러났지?'라고 후회하는 일이 없도록.

그래서 용기를 냈다. 곧바로 나는 모두가 보는 앞에서 당당하게 스티브 잡스에게 물었다.

"절 못 믿으시나요, 스티브?"

스티브는 이렇게 답했다.

"못 믿어."

그래서 나는 또 이렇게 응수했다.

"괜찮습니다. 어차피 저도 당신을 못 믿거든요."

비록 스톡옵션 몇백만 달러가 날아갔지만, 후회는 없었다.

가이 가와사키

2023년 캘리포니아 산타크루즈에서

1단계

Think Remarkable

성장: 토대를 쌓아라

1장
-
성장 마인드셋을 가져라

"왜 나에게만 이런 일이 생기는 거지?"가 아니라
"이 일이 나에게 주는 교훈은 뭐지?"라고 생각하라.

네이트 가와사키

성장 마인드셋을 선택하라

- 남들의 할 수 없다는 말을 반박하고 싶다.
- 스스로 할 수 없다고 말하는 것을 멈추고 싶다.
- 자신의 평판과 자기 이미지가 깎일까 봐 걱정하는 것에 지쳤다.

나는 44세, 60세에 썩 잘하리라 기대도 하지 않는 하키와 서핑을 시작했다. 다시 말하자면 남들보다 대략 34년과 50년 늦게 시작했다는 뜻이다.

프로 아이스하키팀 새너제이 샤크스San Jose Sharks의 경기를 관람한 후 아들들이 하키를 하고 싶어 했다. 그래서 나이도 너무 많고 하와이 출신인 나는 하키를 시작하게 되었다. 내가 자란 하와이에서는 하키와 가장 비슷한 것이 셰이브 아이스shave ice(얼음을 갈아 시럽을 뿌린 빙수 디저트—옮긴이)라고 할 수 있다. (어딜 가나 '셰이브드 아이스'가 정확한 표현이라고 우기는 사람들이 있는데, 그 사람들이 전부 합쳐 봤자 내가 평생 먹은 셰이브 아이스가 훨씬 더 많다. 그런 내가 말하는데 '셰이브 아이스'가 맞는 표현이다.)

서핑은 2015년에 딸 덕분에 시작하게 되었다. 그때 딸은 열네 살, 나는 예순이었다. 나는 하와이에서 자랐으나 성장 마인드셋이 부재한 탓에 공부나 팀 스포츠 이외의 무언가에 도전해 본 적이 없던 터라 서핑은 처음이었다.

내가 새로운 스포츠들을 받아들이게 된 것은 브렌다 유랜드와 캐럴 드웩이 내 마인드셋에 심오한 영향을 끼친 덕분이었다. 유랜드는 미네소타대학교에서 글쓰기를 가르쳤고 《글을 쓰고 싶다면》이라는 책을 썼다.

1989년, 책을 쓰고 싶어 하는 나에게 아내가 유랜드의 책을 선물해 주었다. 하지만 문학을 전공한 것도 아니고 글쓰기에 관한 전문적인 교육을 받아 본 적 없는 나는 작가가 될 수 없다고 생각했다. 그러나 일단 쓰라는 유랜드의 교훈은 나도 얼마든지 책을 쓸 수 있다는 사실을 깨닫게 했다.

- 전문적인 교육을 받거나 타인의 허락이 있어야만 글을 쓸 수 있다는 생각은 버려라. 그냥 써라.
- 사람들이 '작가'에게 기대하는 것이 아니라 자신이 알고 사랑하는 것에 대해 마음에서 우러나오는 글을 써라. 그냥 써라.
- 자신의 글에 대한 자신이나 타인의 판단과 비판은 무시하라. 그냥 써라.

한마디로 내가 첫 번째 책 《매킨토시 웨이》The Macintosh Way》를 쓸 수 있었던 건 분명 유랜드 덕분이었다. 훌쩍 시간이 흘러 2006년, 스탠퍼드대학교의 심리학 교수 캐럴 드웩이 《마인드셋》이라는 책을 펴냈다. 그녀의 통찰은 똑같이 훌륭하되 훨씬 더 강력했다.

그녀의 책은 우리가 스스로 허락하기만 하면 어떤 길에서도 성장이 일어날 수 있다는 확신을 주었다. 당시 나는 과거에 효과적이었던 방법에 집중하는 것으로 만족하는 뚱뚱하고 단순한 멍청이였다. 당연히 새로운 스포츠에 도전한다는 것은 상상조차 할 수 없었다.

드웩은 단순히 나에게 좋은 영향을 끼친 것에 그치지 않고 내 세계를 확장해 주었다. 나는 책은 몇 권 썼으나 다른 분야에서 실패하거나 망신당할까 봐 두려워하고 있었다. 드웩은 고정 마인드셋과 성장 마인드셋을 이렇게 설명한다.

> 고정 마인드셋은 개인의 자질이 고정되어 있다는 믿음이다. 하지만 현재의 자질은 부단한 노력과 훌륭한 전략, 다른 사람들의 지원과 도움을 통해 얼마든지 기를 수 있다.

고정 마인드셋을 가진 사람들은 "난 새로운 기술을 배우기엔 너무 나이가 많아", "난 프로그래밍은 잘해도 마케팅은 절대로 배울 수 없을 거야"라고 말한다. 반면 성장 마인드셋을 가진 사람들은 기꺼이 그리고 적극적으로 탐험하고 실험한다.

리마커블해지려면 당연히 성장 마인드셋이 필요하다. 당신에게는 스스로를 변화시키고 잠재력을 발휘할 수 있는 힘이 있다. 절대로 반박할 수 없는 사실이다. 다시 한번 찬찬히 새겨보자. 리마커블해지고 싶다면 반드시 성장해야 한다.

적지 않은 나이에 하키와 서핑을 배우려니 힘들긴 했어도, 새로운 종목에 도전함으로써 나는 인생에서 너무도 만족스러운 순간을 경험할 수 있었다. 두 가지 모두 성공을 경험했고 성장 마인드셋의 효과를 확인했다. 더 중요한 수확은 내가 뭐든 새로운 기술을 배울 수 있다는 믿음이 생긴 것이다.

지원을 찾아라

- 어떻게 하면 성장 마인드셋을 기르도록 도와줄 사람들을 찾을 수 있는지 알고 싶다.
- 자신이 속한 조직이 성장 마인드셋을 지원하고 실천하는지 평가하는 방법이 궁금하다.
- 일반적인 사무직에서 자유로우면서도 잠재력 있는 커리어를 찾고 싶다.

성장 마인드셋을 가지는 것이 단순히 개인적인 결정과 변화라면 인생은 간단할 것이다. 그러나 성장을 위해서는 주위의 아낌없는 지원이 반드시 있어야 한다. 드웩은 이렇게 말한다.

성장 마인드셋을 효과적으로 사용할 수 있으려면 성장 마인드셋을 가진 사람들뿐만 아니라 성장 마인드셋이 조성된 환경도 중요하다.

당신이 성장 마인드셋을 가지고 있더라도 어디에서나 도전을 추구하고 강한 회복력을 보일 수 있는 것은 아니다. 어떤 환경에 있는지가 중요하다.

나의 성장을 이끌어 줄 사람을 찾으려면 그 사람의 과거를 보면 된다. 투쟁과 변화는 매우 바람직하다. 성장이 꼭 필요하다는 뜻이기 때문이다.

- 고난과 좌절을 극복했는가, 아니면 평생 편한 길만 걸어왔는가?
- 맡은 역할이나 종사 업계가 전공 분야와 전혀 거리가 먼 사람인가?
- 사회에 진출한 후 직종이나 업무가 바뀐 적 있는 사람인가?
- 다양한 사람들과 접촉하는가? 소셜 미디어 계정을 보면 어떤 사람인지 엿볼 수 있을 것이다.
- 평소 바쁜 사람인가? 영국에 사는 제인 구달은 2023년 3월 한 달 동안 미국 덴버와 시카고, 매디슨, 탬파베이에서 강연했다. 바쁜 사람들이 바쁜 데는 이유가 있다.

하지만 경력의 대부분 동안 한 조직에서만 일했다면 성장 마인드셋을 가진 개인을 찾는 것만으로는 충분하지 않다. 성장 마인드셋을 지원하는 환경도 살펴봐야 한다. 그 방법은 다음과 같다.

- 직원들이 직장의 점수를 평가하는 사이트의 리뷰뿐만 아니라 언론 보도 자료, 블로그 게시물, 소셜 미디어, 임원 연설 등을 통해 조직의 '대외적 이미지'를 살펴본다.
- 규모가 큰 조직은 조직 전체가 성장 마인드셋을 가진 경우가 드물다(고정 마인드셋도 마찬가지). 팀이 성장 마인드셋을 지원해야 한다. 성장을 지원하는 팀을 찾아라.
- 사람들에게 조직은 물론이고 그들이 속한 팀에 대한 생각을 묻는다. 대개 성장 마인드셋을 가진 사람들은 성장 마인드셋을 가진 팀에서 일한다.
- 조직에 학습, 자기 계발, 다양성, 사회적 책임을 위한 공식 프로그램이 있는지 알아본다. '보여 주기'에 불과할 수도 있지만 적어도 조직이 노력하고 있다는 것을 보여 준다.

내가 조언하고 싶은 것은 고정 마인드셋이 이미 제도화된 조직은 피하라는 것이다. 의도는 좋을 수 있지만—위험한 행동으로 인한 실패를 피하기 위한 목적 등—혁신과 변화를 억누를 수 있다.

당신의 성장 마인드셋을 길러 줄 수 있는, 성장 마인드셋을 가진 조직과 개인을 찾는 데 집중하라. 빛을 따라가면 나도 다른 사람들에게 빛이 될 수 있다.

변화를 받아들여라

- 몇 가지만 잘하는 게 좋은지, 새로운 것에 도전해야 하는지 궁금하다.
- 배운 것을 커리어에 활용하고 다른 문제에도 적용하고자 한다.
- 정형화된 제약에서 벗어나 지식과 기술을 확장하는 법을 배우고 싶다.

새로운 경험과 지식 영역, 기술에 노출되어야만 마인드셋이 성장할 수 있다. 이것은 여러 가지 방법으로 가능하다.

- 한 번도 고려해 본 적 없거나, 과거에 실패한 경험이 있는 분야를 공부한다.

- 잘하지 못할 거라는 생각 때문에 계속 미룬 영역을 탐구한다.
- 가족, 친구, 팔로워들이 내 관심사를 받아 주기를 바라지 말고 그들의 관심사에 도전해 본다.
- 새로운 도구와 기술을 사용해 실험하고 그 결과가 이끄는 방향을 따라간다.

앞에서 말한 내 하키와 서핑 도전기는 미 항공우주국NASA의 로켓 과학자 마크 로버와 완다 하딩의 성장에 비하면 아무것도 아니다.

마크는 나사에서 커리어를 시작했고 화성 탐사 로버 큐리오시티Curiosity의 디자인에 참여했다. 그는 부업으로 아이패드 두 대를 이용해서 몸에 구멍이 뚫린 것처럼 보이는 할로윈 의상을 연출했다. 그 유튜브 영상이 입소문을 타고 널리 퍼졌다.

나사를 퇴사한 이후 그는 애플에 입사해 자동차 탑승자의 멀미를 해결하는 가상 현실 기술을 연구했다. 유튜브 영상도 계속 업로드해 팔로워가 수백만 명으로 늘어났고 애플 경영진의 철저한 조사도 뒤따랐다. 택배 도둑들이 훔쳐 간 택배를 여는 순간 반짝이 폭탄이 터지는 영상과 '다람쥐 올림픽Squirrelympics' 영상을 보지 않은 Z세대는 아마 없을 것이다.

마크는 사람들이 물리학과 수학, 과학에 관심을 가지게 만드는 유튜브 영상을 계속 제작하고 있다. 크런치랩스^{CrunchLabs}라는 회사를 설립해 과학 장난감도 만든다. 언젠가 고등학교 물리 선생님이 되는 것이 그의 바람이다. 그의 마인드셋은 엔지니어에서 과학 전도사로, 교육자로 성장했다. 장난치기 좋아하는 것만큼은 변하지 않았다.

인터뷰가 끝날 무렵에 그는 이렇게 말했다.

저는 학생들을 가르치고 싶어요. 선생님이야말로 인적 자본의 궁극적인 투자자라는 사실이 마음에 들거든요. 저도 훌륭한 선생님들의 산물이고 그분들 역시 훌륭한 선생님들의 산물이죠. 선생님들의 영향력은 우리가 절대로 다 헤아릴 수 없을 만큼 엄청납니다. 그들이 투자한 사람들이 멋진 일을 하고 다른 이들에게 영감을 줄 수 있으니까요.

아무래도 나사에는 성장 마인드셋의 공기가 흐르는 게 분명하다. 완다 하딩도 나사 출신이다. 그녀는 조지아주에 있는 전기 도급업체의 프로젝트 매니저로 커리어를 시작했다. 개·보수 건물에 배선 공사를 하는 팀을 관리하는 일이었다.

평범한 것보다 열 배나 큰 너프건nerf gun을 든 마크 로버. 그는 세계에서 가장 큰 너프건과 가장 작은 너프건을 만드는 퀘스트를 실행했다. '총알'은 뚫어뻥으로 만들었다.

©Madisun Nuismer

그녀는 나사에서 선임 임무 관리자였고 큐리오시티 탐사선을 화성으로 보내는 임무를 감독했다. 그다음에는 미국해양대기관리처의 기술 책임자로 극궤도 환경 모니터링 위성 지상 시스템을 감독했다.

그 후 그녀는 학생으로 변신했다. 여러 직장을 거친 후 집중적인 지원이 필요한 학생들에게 과학을 가르치는 교사가 되기 위해 조지아주 피드몬트대학에서 공부를 시작한 것이다. 고등학생들에게 과학과 수학, 물리를 가르치는 소명을 찾았을 때, 그녀는 망원경에서 현미경으로 바꾼 것이나 마찬가지였다.

성장 마인드셋을 키우려면 이 두 명의 나사 연구원들처럼 안전지대를 벗어나 새로운 영역을 추구함으로써 변화를 수용해야 한다. 마크와 완다는 로켓 과학 분야에서 과학 동영상 제작과 고등학생 가르치는 것으로 마인드셋을 성장시켰다. 이 둘의 사례는 리마커블한 사람이 성장하고 변화를 만들 수 있음을 보여 준다.

멀리 가라

- 돈과 인맥이 따르지 않는 관심사를 계속 추구해야 하는지 고민이다.
- 적극적이고 장기적인 헌신을 통해 변화를 만든 사람들의 고무적인 사례를 찾고 있다.
- 현재 기울이는 노력이 중요하다는 것을 모르고 미래만 생각하고 있다.

성장 마인드셋을 가진 사람은 길이 많다. 우선, 한 길로만 나아가되 (자신과 부모를 포함해) 그 누구의 예상보다 멀리까지 나아가는 방법이 있다.

리마커블한 사람들은 지금 하는 일을 설명할 때 어린 시절의 경험을 이야기하는 경우가 대부분이다. 다음은 제인 구달이 1930년대에 보낸 어린 시절 이야기다.

전 어릴 때 애완견과 함께 절벽 위를 이리저리 돌아다니곤 했어요. 거기에서 새들과 다람쥐들을 관찰하고 닥터 두리틀 책을 읽었죠. 나에게 동물의 말을 가르쳐 줄 앵무새가 있으면 좋겠다고 생각했어요. 여덟 살에는 친구들 앞에서 동물들의 말을

탄자니아 곰베 국립공원에서 제인 구달과 알파 수컷 피건Figan.

©제인 구달 연구소

알아듣는 척했답니다. 개들이 짖는 소리, 고양이들이 야옹거리는 소리, 새들이 지저귀는 소리를 제 마음대로 해석하곤 했죠.

그녀는 일곱 살이던 1941년에 《닥터 두리틀 이야기》를 읽었다. 언젠가 아프리카에 가겠다고 결심한 것도 그때였다. 어린 시절 내내 그녀는 동물을 사랑하고 동물들이 살아가는 방식에 매료된 모습을 보였다.

가정 형편상 대학에 갈 수 없어 비서 학교에 입학해 타자, 속기, 부기를 배웠다. 케냐의 나이로비에 가게 된 제인은 그곳에서 루이스 리키를 만났고 그의 비서로 일하게 되었다. 리키는 인류의 동아프리카 기원설을 연구한 영국인 인류학자였다.

1957년에 제인은 리키를 통해 탕가니카Tanganyika 호수 근처에 사는 침팬지들이 있다는 것을 알게 되었다. 제인의 침팬지 연구는 20대 중반이던 1960년에 시작되어 60년 동안 이어졌다. 그녀는 침팬지들이 단순한 야생동물이 아니라 지성과 사교성을 갖추었다는 사실을 증명했다.

2023년까지 그녀는 70개가 넘는 대학에서 명예박사 학위를 받았으며 현재 미국국립과학원과 런던왕립학회 회원이다. 2018년 〈타임〉이 선정한 '세계에서 가장 영향력 있는 인물 100인'에 포함되었고 2021년에는 템플턴상을 수상했다.

제인의 커리어는 끈기 있게 한 분야에 몸담아 기대 이상으로 큰 성공을 거두는 것이 리마커블함에 이르는 하나의 길임을 보여 준다. 시간은 오래 걸릴지라도 끈기 있게 파고드는 사람은 보상받기 마련이다.

말을 바꿔라

- 완전히 다른 분야와 관심사로 방향을 바꾸는 것의 장점에 대해 알고 싶다.
- 출발점이 아니라 목적지가 가장 중요하다는 확신을 얻고 싶다.
- 계획을 바꾸기에 너무 늦은 건 아닌지 고민이다.

성장 마인드셋을 가진 사람들의 두 번째 길은 '말馬을 바꿔' 완전히 새로운 분야를 추구하는 것이다. 작가이자 프랑스 요리 TV 프로그램의 스타 줄리아 차일드가 걸었던 길은 완전히 새로운 길로 나아간 삶의 대표적인 사례다.

줄리아는 캘리포니아주 패서디나의 부유한 가정에서 태어

나 매사추세츠에 있는 스미스칼리지를 졸업했다. 전공은 역사였다. 뉴욕의 가구업체 W. & J. 슬론의 카피라이터로 사회생활을 시작했다.

제2차 세계대전 때 미국 육군의 여성 부대인 여성 군단Women's Army Corp에 입대하려 했지만 너무 큰 키 탓에 거절당하고 CIA의 전신으로 알려진 전략사무국OSS에서 일하기 시작했다. 한마디로 줄리아는 스파이였다. 처음에는 (제인 구달처럼) 타이피스트였지만 조직 내에서 빠르게 두각을 드러내며 위로 올라갔다.

그녀가 맡은 프로젝트 중에는 독일 잠수함을 위해 설치된 수중 지뢰를 상어들이 폭발시키지 못하도록 쫓아내는 퇴치제 개발도 있다. 나중에는 스리랑카와 중국에 파견되었다. 34세 무렵인 1946년에 폴 쿠싱 차일드와 결혼했고 남편 덕분에 프랑스 요리를 접하게 되었다.

5년 후 줄리아는 프랑스에 있는 요리 학교 르 꼬르동 블루를 졸업했다. 이윽고 파리에서 미국인들에게 프랑스 요리를 가르치고 요리 레시피를 개발하기 시작했다. 그녀의 레시피를 담아 루이제트 베르톨, 시몬 베크와 함께 펴낸 요리책《프랑스 요리의 기술》은 베스트셀러가 되었다.

매사추세츠주 케임브리지의 주방에서 줄리아 차일드.

그녀의 요리책과 유명세는 〈프렌치 셰프The French Chef〉라는 TV 요리 프로그램으로 이어졌다. 그 프로그램은 무려 10년 동안 방영되었고 피바디상과 에미상을 받았다.

2004년에 세상을 떠날 때까지 그녀가 펴낸 책과 출연한 TV 프로그램은 너무 많아서 언급하기가 힘들 정도다. 요리사가 있는 유복한 가정에서 태어나 어릴 때 요리를 배울 기회조차 없었던 여성이 이 모든 것을 해냈다.

한 길을 그 누구보다 멀리까지 나아가는 것이든, 새로운 길로 방향을 트는 것이든, 둘 다 가능한 선택지다. 그 길이 직선이든 아니든, 언제나 출발점이 아닌 목적지가 중요하다.

작은 발걸음을 내디뎌라

- 장기적인 성공을 가져오는 게 작은 발걸음인지, 거대한 변화인지 알고 싶다.
- 지금 하는 일이 과연 장기적으로 보상을 가져다줄지 모르겠다.
- 보이지 않을 정도로 앞서가는 사람들을 따라잡을 방법을 찾고 있다.

몸속에 성장 마인드셋이 새겨지기 전까지는 작은 목표를 세우고 성공이 성공을 낳는 경험을 해야 한다. 첫 발걸음은 꼭 거창하지 않아도 된다. 할리우드 영화에서 주인공 맡기, 〈뉴욕 타임스〉 보도 기자 되기, 10억 달러 가치를 가진 스타트업 키우기, 하버드 교수 되기가 아니어도 된다는 말이다.

성장은 비약적으로 일어나거나, 기적적인 깨달음의 순간에 일어나지도 않는다. 아기가 걸음마를 떼듯 서서히 일어날 확률이 훨씬 높다. 작가가 되고 싶다고 해 보자. 일기 쓰기, 글 플랫

폼에 글쓰기, 편집자에게 기획안과 샘플 원고 보내기부터 시작해 계속해 나가야 한다. 내가 쓴 글이 처음 실린 것은 1980년대 중반, 애플 개발자들에게 보내지던 뉴스레터였다. 1000여 명의 세계적인 기업의 개발자들이 읽는 그 명망 있는 뉴스레터에 '실리콘밸리 연애 가이드'라는 제목을 가진 내 글이 실렸다. 당시 내 직책이 소프트웨어 에반젤리스트라서 그 뉴스레터의 발행인이자 편집자를 겸하고 있었기에 실릴 수 있었다.

앞서 언급했던 내 첫 번째 책에 관해 더 말하자면, 1987년에 출판된 《매킨토시 웨이》는 제목에서 알 수 있듯 애플 매킨토시 팀의 철학과 전략을 설명하는 책이었다. 스콧 포어스먼Scott Foresman 출판사에서 그 책을 펴내 준 것은 순전히 당시 내가 상당히 눈에 띄는 애플 임원이었기 때문이었다. 지금 다시 읽으면 쥐구멍에라도 들어가고 싶을 정도로 글이 형편없다.

하지만 나는 그 이후로도 계속 글을 썼다. 걸음마 하듯 조금씩 나아가도 괜찮다. 아니, 그게 세상이 돌아가는 이치다. 즉각 성공하는 것과 오랫동안 힘들게 노력해서 성공하는 것 중에서 자기 마음대로 선택할 수 있다고 생각한다면 그것은 자신을 속이고 있는 것이다. 오랫동안 노력해야만 궁극적이고 지속적인 성공을 준비할 수 있다.

부러움을 받아들여라

- 올리비아 줄리아나, 말랄라 유사프자이, 맥스웰 프로스트 같은 젊은 이들에게 영감을 얻고 자신의 동기도 과연 그들의 동기만큼 고귀한지 고민이다.
- 자신이 세상에 큰 변화를 일으킬 수 있을지 궁금하다.
- 질투를 영감과 목적의 정당한 근원으로 바꾸고 싶다.

밖에서 안을 들여다보거나 현재에서 과거를 돌아보면 리마커블한 사람들의 동기가 세상을 바꾸거나 지구를 살리는 것, 또는 미술이나 음악, 글로 놀라운 작품을 만드는 것이었음을 알 수 있다.

당신에게도 그런 동기가 있다면 큰 힘을 얻을 수 있겠지만, 당신을 움직이는 목표가 그다지 고귀하지 않아도 괜찮다. 그런 사람도 많다. 스티브 워즈니악은 애플이 만들어진 계기에 대해 이렇게 설명했다.

'스티브 잡스'의 아이디어는 컴퓨터 회사를 만들려는 게 아니었어. 자기가 아는 일을 하려는 게 그의 아이디어였지. 여분의 전자 부품을 팔아야겠다고 말이야. 그는 스위치와 축전기, 트랜지스터를 사고파는 법을 알았지. 저수준 칩도.

그는 하나 만드는 데 20달러가 드는 PC 보드를 만들어서 40달러에 파는 걸로 시작하고 싶어 했어. 솔직히 그도 나도 우리가 사업으로 돈을 벌 수 있을 거라는 설득력 있는 근거를 내놓을 순 없었지만, 그 친구가 그러더군. "그래도 일생에 한 번쯤 내 회사를 만들어 볼 수 있잖아."

그가 원했던 건 어떻게 해서든 세상에서 중요한 존재가 되는 것이었어. 학력도 비즈니스 이력도 받쳐 주지 않았지만. 그에겐 내가 있었지. 그래서 그가 그렇게 말할 수 있었던 거야. "회사를 만들자."

개인적으로 공감할 수 있는 사고방식이다. 10대 때 누군가가 포르셰 911에 태워 준 적이 있었다. 스탠퍼드 재학 시절에는 가족 행사에 동기의 아버지가 페라리 275 GT를 몰고 와서 얻어 탔다. 내 대학 동창인 마이크 보이치의 어머니는 그녀의 페라리 데이토나를 운전해 보게 했다. (마이크 보이치는 나를 애플에 취직시켜 준 친구다.)

이 경험들은 호놀룰루 가난한 동네 출신인 소년의 정신세계

독일 쾰른에서 세그웨이 폴로를 하는 스티브 워즈니악.　　©Action Press via ZUMA Press

　를 확장시켰다. 스티브 잡스도 나도 질투를 원동력으로 삼았다. 스티브는 중요한 사람들을 부러워했고 나는 좋은 차를 타는 사람들이 부러웠다. 세상을 바꾸는 것 따윈 내 관심사가 아니었다. 그저 비싼 차를 타고 싶었을 뿐이었다. 그게 나에게 열심히 공부하고 열심히 일하는 동기를 부여했다.

　또 다른 질투심도 효과적이다. 위대한 사람을 보고 그 사람처럼 되고 싶어 하는 마음이다. 예를 들어, 예술 공연가나 작가,

운동선수의 능력과 그들이 가진 영향력이 부러울 수도 있다.

부러움의 감정을 받아들이는 것은 동기부여의 원동력이 될 수 있고 따라서 생산적일 수 있다. 가장 중요한 것은 동기가 부여되었다는 것이므로 동기부여의 원인에 대해 심각하게 생각할 필요는 없다.

영웅을 찾아라

- 목표를 방해하는 문제에 대처하는 방법을 배우고 싶다.
- 비슷한 상황을 극복한 사람들에게 영감을 얻고 싶다.
- 동기부여를 유지하고 자기 연민은 피하는 관점을 얻고자 한다.

나는 20년 이상 동안 이명과 현기증, 청각 감퇴를 경험했고 2022년 초에 이르러서는 소리가 거의 들리지 않게 되었다. 아무래도 오랜 세월 기업가들의 형편없는 말들을 들어야 했던 게 원인인 것 같다.

그해 9월에 인공와우 이식 수술을 하기 전까지는 실시간 자막 기능에 의존해서 팟캐스트 인터뷰를 진행했다. 당시에는 그 기능이 그렇게 뛰어나지 않았던 터라 평소 같은 모습으로 대화하기가 쉽지 않았다.

그 기간에 나는 이 핸디캡을 극복하기 위해 영웅이 필요했다. 그때 이런 생각이 떠올랐고 앞으로 계속 나아갈 힘을 얻었다. 베토벤은 귀가 아예 들리지 않는 상태로 음악을 만들었는데 나도 귀가 거의 들리지 않지만, 실시간 자막 기능을 읽으면서 팟캐스트를 진행할 수 있지 않을까? (물론 재능으로 따지자면 베토벤의 발톱에도 미치지 못하지만.)

그래도 귀가 거의 들리지 않는 상태로 팟캐스트를 진행하는 것은 교도소에서 박사 학위를 따는 것보다는 쉽다. 내분비학자이자 하워드 의과대학 조교수인 스탠리 안드리세는 《교도소 감방에서 박사 학위까지: 옳은 일을 하기에 늦은 때란 없다From Prison Cells to PhD: It Is Never Too Late to Do Good》라는 책을 썼다.

그의 놀라운 여정은 미주리주 퍼거슨-플로리선트Ferguson-Florissant에서 시작되었다. 그는 중범죄로 세 차례 유죄판결을 받았다. 교도소에서 수감 생활을 하는 동안 박사과정을 시작했는데 처음부터 교도소의 규정에 부딪혔다. 5쪽이 넘는 편지를 금지하는 규정이었다. 안타깝게도 대학들의 설명 자료 팸플릿과 원서는 5쪽이 훌쩍 넘는다. 그래서 친구가 대신 받아 5쪽씩 나

뉘서 따로따로 그에게 부쳐 주었다.

그는 한 학교마다 편지 10~20통으로 정보를 나눠 받아 총 일곱 군데에 지원했다. 자료가 나눠진 우편물들이 한꺼번에 도착한 것도 아니라 편지가 전부 도착할 때까지 기다렸다가 합쳤다. 또 다른 문제는 수감자가 감방에 보관할 수 있는 우편물의 양이 정해져 있어서 교도관들이 그에게 오는 우편물을 압수했다는 것이다.

온라인으로 지원서를 작성하는 것도 어려웠다. 모든 지원서에는 연구 보고서와 자기소개서가 필요했다. 스탠리는 직접 쓴 초고를 친구에게 보내 편집했다. 친구가 편집해서 다시 보내오면 스탠리가 고쳐서 여자 친구에게 보내 키보드로 입력했다. 그렇게 완성된 에세이를 여자 친구가 다른 친구들에게 보내 그들이 스탠리가 쓴 글을 온라인 양식으로 복사해 대신 제출해 주었다.

이런 식으로 총 여섯 명이 그가 일곱 개의 박사과정에 지원하는 것을 도왔다. 그 과정만 해도 수개월이 걸렸다. 지원서에 특히 눈에 띄는 질문이 하나 있었다. "중범죄를 저질러 유죄판결을 받은 적이 있습니까? 만약 있다면 설명하시오." 답을 쓰는 공간은 지원서 모두 단 두 줄뿐이었다.

일곱 군데 대학원 중 여섯 군데가 그를 퇴짜 놓았으나 세인 트루이스대학교는 그에게 새로운 인생을 살 기회를 주었다. 결국 스탠리는 교도소에서 박사 학위를 받았다.

당신이 처한 '역경'을 다른 사람과 비교해서 제대로 이해하려고 하면 부정적인 상황에만 집중하지 않을 수 있다. 시련도 우리가 주의를 기울여야 할 가치가 있다. 리마커블한 사람을 만드는 것은 다름 아닌 인내다.

활짝 피어나라

라켈 윌리스는 사회운동가이자 작가다. 그녀는 〈아웃Out〉의 편집장과 트랜스젠더법률센터 전국 조직위원을 지냈다. 그녀는 내가 지금까지 인터뷰한 사람 중에서 그 누구보다 극적인 변화를 거쳤다. '작은 흑인 소년'이었던 그는 성소수자(LGBTQ+) 커뮤니티에서 명성과 리더십을 지닌 인물로 거듭났다. 그 여정에 호르몬 대체 요법과 '성별을 바꾸는 하체 수술bottom surgery'은 물론이고 중요한 심리적 적응이 필요했다.

그녀는 회고록《활짝 피어나기 위해 따르는 위험: 삶과 해방

에 대하여The Risk It Takes to Bloom: On Life and Liberation》를 썼다. 그녀는 나와의 인터뷰에서 자신의 성장과 변화에 대해 설명했다.

미국 남부에서 흑인 소년으로 태어나 자란 제가 지금은 사회운동가이자 작가가 되어 있어요. 겉으로 보기에는 정말로 극단적인 변화인 것 같죠. 하지만 솔직히 저는 모든 사람이 살아가는 내내 변화를 겪는다고 생각해요.

제 변화의 열쇠는 내면의 목소리에 대한 믿음이었어요. 내가 누구인지에 대한 확신 말이죠. 세상이 이해하지 못해도, 세상을 이해시키기 위해 내가 해야 할 일이 산더미처럼 쌓여 있는 것처럼 느껴진다고 해도 말이에요.

또 세상의 어둡거나 비극적인 일들 앞에서 무릎 꿇고 모든 걸 포기하지 않고 변화와 성장의 가능성을 계속 보는 게 중요해요. 생존을 넘어 번영하기 위한 가장 큰 열쇠는 내가 더 큰 세상을 이루는 한 사람일 뿐이라는 사실을 알고 겸손한 태도를 가지는 거예요. 나의 특별한 인생 이야기가 많은 사람의 이야기가 모여 짜인 다채로운 태피스트리의 한 가닥일 뿐이라는 거죠.

성장과 변화는 엄청난 노력과 시간이 필요한 도전이지만 변화를 만드는 리마커블한 사람이 되기 위해서는 필수적이다. 성장과 변화는 믿음과 겸손, 커다란 노력이 있어야만 가능하다.

참고하면 좋은 자료

스탠리 안드리세, 《교도소 감방에서 박사 학위까지: 옳은 일을 하기에 늦은 때란 없다》.
줄리아 차일드, 《프랑스에서의 내 인생(My Life in France)》.
캐럴 드웩, 《마인드셋》.
라켈 윌리스, 《활짝 피어나기 위해 따르는 위험: 삶과 해방에 대하여》.

2장
–
취약성을 받아들여라

성장과 편안함은 절대로 공존할 수 없다.

지니 로메티

성장을 뒤집어라

- 성공한 사람들도 처음 시작할 때는 약했는지 알고 싶다.

- 실패를 극복한 사람들에게서 영감을 얻고 싶다.

- 좌절을 성장으로 바꾸고 싶다.

성장 마인드셋의 뒷면에는 취약성이 있다. 취약성을 뜻하는 영단어 'vulnerability'는 라틴어 명사 'vulnus'에서 왔는데 이는 '상처'를 뜻한다. 리마커블해지려면 오랜 시간이 걸리므로 그동안 실패와 좌절을 마주할 수밖에 없다. 따라서 그 여정에는 취약성을 받아들이는 것이 필수 요소다. 하지만 그 또한 모든 게

순조롭게 풀릴 때의 일이다.

사람은 누구나 취약하다. 누구나 자아상, 평판, 행복에 관한 상처를 만난다. 누구나 그렇기에 상처를 피하는 것보다 어떻게 다루는지가 중요하다. 실패는 이런 식으로 접근하기를 추천한다. 성공할 때도 있고 실패할 때도 있는 게 아니라, 성공할 때도 있고 성장할 때도 있다고.

상처가 두려워 모험하지 못하면 같은 자리에 영원히 갇혀버린다. 낮은 곳에 갇힐 수도 있고 높은 곳에 갇힐 수도 있지만, 어느 쪽이든 당신의 잠재력은 완전히 발휘될 수 없다.

좌절할지언정 포기하지 않는 것이 바로 리마커블한 사람과 평범한 사람의 차이다. 모르는 사람들이 많지만, 피겨스케이팅 선수 크리스티 야마구치가 첫 출전한 대회에서 올린 성적은 12위였다.

하지만 그것은 그녀에게 더 열심히 노력할 동기를 부여했을 뿐이었다. 그녀는 결국 1992년 알베르빌 동계올림픽에서 금메달을 땄다. 그뿐만 아니라 세계선수권대회에서 2회 우승했고 〈댄싱 위드 더 스타〉 여섯 번째 시즌 우승자가 되었다.

여기서 핵심은 취약성을 받아들이는 법을 배우는 것이다. 그러려면 시련과 좌절이 닥쳐도 계속 앞으로 나아가야 한다는 사

1992년 알베르빌 동계올림픽에서 금메달을 따고 관중에게 손을 흔드는 크리스티 야마구치. 첫 대회 성적 12위에서 정말로 먼 길을 왔다.

©David Madison/Getty Images

실을 받아들여야 한다. 아이러니하게도 시간이 지남에 따라 더 강해져서 '상처'를 잘 이겨낼 수 있게 된다.

용감하게 계속하라

- 사람들이 어떻게 도전하며 한계를 극복하고 비범한 목표를 달성하는지 알고 싶다.

- 시련과 좌절에 대한 관점을 바꾸고 싶다.
- 회복탄력성, 결단력, 적응력의 힘을 이해하고 싶다.

안드레아 라이틀 피트는 2014년에 뇌와 척수의 세포를 파괴하는 신경퇴행성 질환인 루게릭병을 진단받았다. 대부분의 루게릭병 환자는 2~5년 안에 스스로 먹고 숨 쉬고 걷고 말하는 능력을 잃는다.

2023년 현재, 안드레아는 루게릭병을 진단받고도 9년 동안 생존해 있다. 처음 진단받았을 때 그녀는 용감한 아이디어를 떠올렸다. 루게릭병과 싸우고 치료법 연구 기금을 모으기 위해 미국 전체 50개 주에서 마라톤을 완주하는 것. 이를 이루기 위해 그녀는 용감해짐은 물론이고, 신체적인 위험과 실망감에 취약해질 필요가 있었다.

그녀는 두 다리로 달리는 것을 목표로 시작했지만 결국은 누워서 타는 세발자전거인 리컴벤트recumbent trike를 타고 달리게 되었다. 2022년 5월 알래스카주 프린스 오브 웨일스 아일랜드에서 마침내 목표를 달성했다. 하지만 그녀의 원래 계획은 알래스카에서 목표를 마무리하는 것이 아니었다. 그녀는 대망의 50번째 마라톤이 보스턴 마라톤 대회가 되기를 원했다(잠시 후

루게릭병을 진단받은 후 50번째 마라톤을 완주하는 안드레아 라이틀 피트. 사진 속의 대회는 2022년 알래스카에서 열린 프린스 오브 웨일스 아일랜드 마라톤 대회다.

©Shannon Murphy

에 자세히 알아보자).

치명적인 신경 질환을 진단받고 50개 마라톤을 완주하기 위해 노력하는 것은 취약성을 포용하는 모습 그 자체다. 안드레아는 시간과 싸우는 그녀 자신의 경주를 그린 영화 제목처럼 '용감하게 계속 나아가기'로 결정했다.

충격에 대비하라

- 어려움과 장애물이 성장으로 가는 문이라고 생각하고 싶다.
- 잠재적인 문제를 예측하고 좌절을 대비한 계획을 세우는 법을 배우고 싶다.
- 새로운 관점을 갖는 것이 인생의 어려움을 다룰 때 어떤 도움이 되는지 궁금하다.

솔직히 말해서 앞으로 분명 나쁜 일이 일어날 것이다. 당신은 부정적인 시선을 만나고 거절도 당할 것이다. 위험한 일이 닥칠지도 모른다. 주변 사람들은 당신이 하려는 일을 불가능하다고, 해서는 안 된다고, 필요 없다고 말할 것이다.

내가 아는 리마커블한 사람들은 모두 난관에 부딪혔다. 안드레아 라이틀 피트가 루게릭병을 진단받았을 때의 상황은 다음과 같았다.

루게릭병이라는 말을 처음 들은 날 차에 앉아서 울던 게 기억나요. 너무 절망적이었어요. 하지만 고개를 드니 문득 이런 생각이 들었어요. 어차피 시간은 흘러갈 것이고 절망에 빠져 있든 지금 내 삶을 살든 그건 내 선택에 달려 있다고.

하지만 그녀에게 닥친 시련은 루게릭병뿐만이 아니었다. 보스턴 마라톤 대회를 개최하는 보스턴육상협회가 그녀의 참가 신청을 거절한 것이다. 휠체어 사용자, 장애인 선수, 핸드사이클, 2인조를 비롯해 시각 및 지체, 지적 장애인을 위한 부문이 있었는데도 다리로 움직이는 리컴벤트를 타고 달리는 안드레아는 참가 조건에 해당하지 않았다.

기대와 달리 보스턴 마라톤 관계자들은 안드레아의 용감한 도전에 열광하지 않았다. 협회의 거절 편지는 다음과 같았다.

주신 이메일에 명시된 귀하의 상황을 이해하지만, 리컴벤트 세발자전거는 사이클링의 영역에 속하므로 리컴벤트를 이용한 참가는 허용되지 않음을 알려드립니다. 보스턴 마라톤 장애인 육상 부문 & 적용 프로그램 규칙에 명시된 내용은 다음과 같습니다. "모터나 페달이 달린 손 자전거는 허용되지 않는다. 보스턴 마라톤에 참가하는 선수는 발로 움직이는 리컴벤트 자전거, 세발자전거 또는 두발자전거를 포함해 다른 기어나 크랭크 또는 체인 동력 사이클 장비를 사용할 수 없다."

안드레아가 보스턴체육협회에 보낸 '대담한' 답변 내용을 일부 소개한다.

루게릭병을 진단받는 것은 남은 평생 "안 된다"라는 말만 들어야 한다는 뜻입니다. 치료제도 없고 치료도 안 되고 회복 가능성도 없고 아기도 낳지 못하고 희망도 없으니까요. 하지만 전 희망은 항상 있다는 것을 알게 되었습니다. 다른 방법을 찾기만 한다면 말이죠.

그래서 안드레아는 어떻게 했을까? 그녀는 참가 조건이 좀 더 유연하고 포용적인 마서즈 빈야드 마라톤 대회에 참가해 가장 먼저 매사추세츠주에서 마라톤 완주를 마쳤다. 그 후 그녀의 남편과 소수의 친구로 이루어진 팀 드레아Team Drea가 보스턴으로 떠났고 그곳에서 그녀는 대회 전날 보스턴 마라톤 코스를 '완주'했다. 아이러니하게도, 그 대회가 여성 부문 50주년을 맞이하는 해였다. 용기를 낸 다음 단계는 충격에 대비하는 것이다. 왜냐하면 충격이 곧 다가올 테니까.

- 나쁜 일이 일어날 수 있으며 분명히 일어날 것이라는 사실을 받아

들여라. 처음에 또는 처음부터 끝까지 계속 일이 잘 풀리지 않아도 충격받지 마라.

- 가능성을 확인하라. 잘못될 수 있는 일을 전부 적어 보고 미리 없 앨 수 있는 것들을 처리한다.
- 예측할 수 없는 문제가 발생했을 때 바로잡기 위한 비상 계획을 세 운다. 위기가 발생했을 때 실시간으로 대처하지 말고 미리 준비해 두는 게 좋다. 어떤 경우라도 미리 방법을 찾아 둔다. 안드레아처 럼 대회 전날에 마라톤을 완주한다든지.
- 새로운 관점을 유지하라. 자신에게 일어난 일이 과연 그렇게 나쁜 일인지 생각해 보라. 예를 들어, 청력을 잃는 것과 루게릭병에 걸 리는 것 중에 뭐가 나은가?

살다 보면 가끔 나쁜 일이 생긴다는 것은 부정할 수 없는 사 실이다. 불편함은 일시적이라는 것을 기억하라. 지금 할 수 있 는 일을 하라. 시련은 성장의 기회와 함께 온다는 사실을 잊지 말자. 리마커블한 사람은 시련을 두 팔 벌려 환영한다.

가끔 자신을 봐주어라

- 취약성이 남기는 결과에 대처하는 생각과 행동을 배우고 싶다.
- 부정적인 결과를 정면으로 마주하고 실행 가능한 단계를 마련하고 자 한다.
- 시련을 극복한 경험이 있는 사람들에게 도움받는 방법을 알고 싶다.

나쁜 일이 생기고 취약성이 발동하면 부정적인 결과에 대처해야만 한다. 여기에는 금전적 손실, 당혹감, 흔들리는 자신감 같은 것이 포함될 수 있다. 이때 다시 일어나는 과정의 첫 단계는 '자신을 봐주는 것'이다. 자신을 용서하고 자기비판을 멈춰야 한다. 자신을 봐주는 방법은 다음과 같다.

- 실망감을 받아들인다. 자기부정에 빠지지 않는다.
- 긍정적인 부분을 찾는다. 다음 소제목에서 살펴보겠지만 실패에도 항상 배울 점이 있다.
- 다른 사람에게 도움을 받는다. 불행은 친구를 좋아한다는 옛말은 틀렸다. 불행은 친구를 싫어하니 힘들 때는 절대 자신을 고립시키지 말자.

- 새로운 목표를 세운다. 실패를 극복하는 방법은 다음번에 성공하는 것이다.
- 행동하라. 목표는 저절로 이루어지지 않는다. 다시 행동을 시작하고 목표를 위해 노력해라.

누구나 자신의 기대에 미치지 못한 적이 있다는 사실을 알아야 한다. 스티브 잡스, 제인 구달, 스테이시 에이브럼스도 예외는 아니다. 나는 말할 것도 없다. 기대에 미치지 못했다는 것은 달리 말하면 자기 자신을 최대한 밀어붙이고 있다는 뜻이므로 좋은 것이다. 스스로 부족하다고 느꼈던 적이 한 번도 없다면 자신을 밀어붙이지 않는다는 뜻이다. 이는 리마커블함으로 가는 길과 거리가 멀다.

실패에서 배워라

- 남들이 실패를 어떻게 인식하는지 알고 싶다.
- 리마커블한 사람들이 실패를 경험했던 사례를 통해서 영감을 얻고자 한다.

- 어떤 기회가 실패로 이어질 가능성이 큰지 미리 평가하는 방법을 알고 싶다.

취약성을 받아들일 때는 진정으로 위험에 노출된 게 무엇인지 생각해 보아야 한다. 대부분 사람에게 당혹감은 위험 요소다. 만약 익명으로 실패할 수 있다면, 사람들은 더 많은 위험을 감수하려고 할 것이다. 그러나 실패를 숨기려는 노력은 어떤 가치도 없다.

당신의 시도가 실패하거나 완전히 불발에 그쳐도 정작 그걸 알아차리는 사람은 별로 없다. 알게 된 사람이라도 별로 신경 쓰지 않을 것이고 곧 기억조차 하지 못할 것이다.

처음 서핑을 시작했을 때 나는 남들이 내가 넘어지는 모습을 보고 웃을 거라고 생각했다. 하지만 보는 사람도 별로 없을뿐더러 관심을 가지는 사람은 더더욱 없다는 걸 금방 알게 되었다. 더 큰 파도에서 요란하게 넘어져도 아무 일도 생기지 않았다.

애플을 보라. 세계에서 가장 비싼 기업이지만 애플 III, 리사, 뉴턴, 피핀, 아이팟 하이파이가 실패했다. 들어 본 적조차 없을 수도 있기에 종이 아깝게 굳이 설명하진 않겠다.

부주의나 무관심, 사전 준비 부족으로 인한 실패는 결코 좋

1983년에 출시된 애플의 리사 컴퓨터는 상업적으로 실패했지만, 매킨토시를 위한 길을 개척해 주었다.

©Apple

은 일이 아니다. 실패는 돈, 시간, 노력, 잠재력의 낭비다. 실패는 직원들의 커리어를 해치고 극단적일 경우 고객과 직원 및 판매업체를 위험에 빠뜨릴 수도 있다.

하지만 실패는 미래의 노력을 개선할 수 있는 소중한 정보를 제공한다. 전적으로 시간과 자원의 낭비인 것은 아니다. 실패를 감수하는 것 말고 다른 방법으로는 절대 얻을 수 없는 정보를 얻을 수 있다.

엔터테인먼트 분야의 세 가지 예를 소개한다.

- 월트 디즈니는 애니메이터로 일하던 초기에 상상력이 부족하다는 이유로 해고되었다.
- 오프라 윈프리는 볼티모어에서 TV 뉴스 진행자로 일했던 첫 직장에서 해고되었다.
- 스티븐 스필버그는 서던캘리포니아대학교 영화학과에 몇 번이나 떨어졌다.

결국, 실패는 당신의 생각처럼 그렇게 파괴적이지 않다는 이야기다. 더 강한 자신으로 거듭날 수만 있다면 오히려 건설적인 경험이 될 수 있다. 리마커블함으로 가는 길은 반듯하게 포장된 길이 아니다.

의심의 눈길을 이용하라

- 사람들의 의심을 그들이 틀렸음을 증명하는 동기부여로 이용하고 싶다.
- 부정적이고 파괴적인 피드백에 긍정적인 면이 있는지 궁금하다.
- '마을'의 중요성을 배우고 싶다.

조너선 코니어스는 지옥과 다름없는 끔찍한 유년기를 보냈다. 그는 다섯 아이 중 막내였고 부모는 모두 마약 중독자였다. 고등학교를 졸업할 때까지 노숙자 쉼터와 저소득층 주택을 전전하며 열 번 이상 이사를 했다. 부모는 돈이 생기는 족족 마약을 사는 데 써서 가족들은 훔친 옷과 음식으로 연명해야만 했다.

절도죄로 체포된 조너선은 징역형을 면제받는 조건으로 할렘의 프레더릭 더글러스 아카데미에 들어갔다. 그는 교내 식당에서 발생하는 위험과 다른 학생들의 불법적인 행동을 피하려고 토론팀 모임에 참석하기 시작했다. 그리고 그곳에서 자신의 소명과 멘토 K. M. 디콜란드레아를 만났다.

"그 후의 이야기는 다들 예상하는 그대로였다"라고 말하고 싶지만 정확한 건 아니다. 사실 조너선의 고등학교 생활은 마약과 술, 총, 죽을 뻔한 경험과 체포될 뻔한 경험, 10대 임신으로 얼룩졌다.

하지만 그는 순수한 근성과 회복력 그리고 행운까지 더해져 살아남았다. 그는 호흡기 치료학 전공으로 스토니브룩에 있는 뉴욕주립대학교를 졸업했다. 그의 이야기는 휴먼스 오브 뉴욕 Humans of New York 블로그에 소개되었다. 여기까지 성공하기 위해서 그는 태어날 때 당연히 주어지지 않은 그 자신의 마을을 스스로 지어야만 했다.

인터뷰에서 조녀선은 그의 마을에는 그를 해치려 했던 사람들까지도 포함된다고 말했다. 그들의 파괴적인 피드백은 그에게 유용했다. 그들이 틀렸다는 것을 증명하려는 동기를 부여했기 때문이다.

저를 해치려고 했던 사람들도 제 마을의 일부라고 생각합니다. 그들은 제가 자신감을 키우도록 도와줬으니까요. 의식을 높이도록 도와줬고요. 또 저를 역경과 의심의 상황에 놓았죠.

저는 그때마다 제가 이겨낼 수 있고 도전에 맞설 수 있다는 걸 보여 주었습니다. 저 같은 삶이 주어진다는 것, 제 부모 같은 부모에게 태어난다는 것, 그런 동네에서 태어난다는 것만으로도 정말로 많은 역경을 겪어야만 하거든요.

3학년 때까지 글을 읽지 못했는데 거의 모든 선생님이 저를 그냥 포기하려고 했어요. 다들 통계 속의 또 다른 흑인 학생이 되는 게 제 운명이라고 생각했죠.

성공하지 못할 거라는 말을 들어 본 적이 있는가? 당신의 의지로 그들의 의심과 부정적인 생각을 바꾼다면 그들에게 오히려 고마운 마음이 들지도 모른다. 조너선 같은 사람들은 의심을 낭비하면 안 된다는 걸 증명했다.

성공할 때까지 마주하라

- 두려움을 극복하고 전략적 단계를 통해 목표를 달성하는 방법을 배우고 싶다.
- 자신감 있는 척하는 것이 과연 좋은 전략인지 궁금하다.
- 이전의 성취에서 자신감을 느끼고 더 큰 도전을 마주하는 방법을 배우고 싶다.

'진짜로 해낼 때까지 해낸 척하는'(자신감이 없는데 자신감 있게 행동하는 것) 개념은 나중에 살펴볼 것이다. 이 장에서는 취약성과 '상처'를 마주하고 대처하는 방법에 집중해 보자.

두 가지 보기를 소개한다. 첫째, 호박 여왕으로 불리는 사라 프레이다. 그녀의 회사는 약 1800만 평의 농지를 관리하는데, 2022년에 800만 개 호박을 팔아 미국에서 가장 많은 호박을 팔게 되었다.

아홉 살쯤에 사라는 아버지의 픽업트럭을 타고 일리노이주 시골을 달리고 있었다. 15~18킬로그램 정도 나가는 쓰레기통 크기만 한 악어거북을 발견한 사라의 아버지는 사라에게 나중에 먹게 악어거북을 손으로 잡아서 트럭 뒤 칸으로 던지라고 했다.

그녀는 겨우 용기를 내서 해낼 수 있었다. 악어거북은 괜히 악어거북이라고 불리는 게 아니다. 특히 육지에서 사납게 변한다. 인터뷰에서 그녀는 어린 시절의 그 경험이 나중에 성인이 되어 월마트에서 일하며 영업 전화를 거는 것처럼 많은 도전을 이겨 내는 데 도움이 되었다고 말했다.

둘째, 빅 웨이브 서핑보다 위험한 일은 거의 없을 것이다. 모든 서핑이 다 위험하나 시속 40마일(약 64킬로미터)로 움직이는 100피트(약 30미터) 높이의 빌딩을 타고 내려간다고 상상해 보라. 그 파도가 당신을 덮칠 때의 느낌을 묘사하면 이렇다.

당신이 마구 돌아가는 세탁기 안에 들어가 있는데 그 누구도 아닌 킹콩이 세탁기를 잡고 사방팔방으로 흔들기 시작한다고 생각해 보세요.

개릿 맥나마라가 한 말이다. 그는 빅 웨이브 서퍼이고 포르투갈 나자레의 거대한 파도를 세상에 알린 장본인이니 그 누구보다 잘 알 것이다. 출처에 따라 다를 수 있으나 그는 역사상 가장 높은 파도를 탔다. HBO 시리즈 〈100피트 파도100 Foot Wave〉는 전 세계를 누빈 그의 모험을 바탕으로 만들어졌다.

두려움과 취약성을 극복하는 방법을 알려 줄 수 있는 사람이 세상에 단 한 명 있다면 그건 바로 개릿이다. 그는 그 과정을

포르투갈 나자레에서 전설의 100피트 파도를 타는 개릿 맥나마라. 하얀 거품의 끄트머리에 보이는 점이 개릿이다.

©Garrett McNamara

이렇게 설명한다.

열여섯 살 때는 10피트(약 3미터)가 넘는 파도는 타지도 않았어요. 무서웠거든요. 10피트 파도에 한 번 맞고 앞으로 절대 10피트가 넘는 파도는 타지 않겠다고 맹세했죠.

그런데 친구들 때문에 억지로 하게 됐어요. 친구들이 보드를 제대로 타는 방법과 올바른 조언을 주었죠. 제가 원하는 파도를 전부 다 탔어요. 아주 간단하죠.

그때부터 불이 붙었어요. 큰 파도는 제 삶의 이유가 됐어요. 그날 이후로 전 큰 파도를 사랑하게 됐어요. 10피트, 15피트, 20피트, 그다음에는 25피트. 그리고 어마어마한 50피트에 맞았죠. 그 어떤 걸로 맞더라도 그렇게 최악은 아니겠지만 웃을 수 있었어요. 그 후에는 '맞서지 못할 게 없다'라는 생각이 들더군요.

빅 웨이브 서핑에서는 '진짜로 해낼 때까지 해낸 척하라'가 불가능하다. 단순히 자존심에 상처가 나고 의기소침해지는 데서 끝나는 게 아니라 목숨을 잃거나 사지가 절단될 수도 있다. 개릿의 말은 두려움에 맞서야만 한다는 것이다. 언젠가 두려움이 흥분으로 변할 수 있다. 하지만 그 과정에서 반드시 안전에

신경 써야 하고 걸음마 하듯 조금씩 나아가도 괜찮다는 것을
기억해야 한다.

참고하면 좋은 자료

브레네 브라운, 《마음 가면》.
안드레아 라이틀 피트, 《희망은 맞서 싸운다: 마라톤 50회 완주, 생사를 건 루게릭병과의
    싸움(Hope Fights Back: Fifty Marathons and a Life or Death Race Against ALS)》.

3장

–

씨앗을 많이 심어라

현대 교육자의 임무는
정글의 나무를 베는 게 아니라
사막에 물을 대는 것이다.

C. S. 루이스

참나무를 보고 기뻐하기

- 도토리 심기 은유를 리마커블함에도 적용할 수 있는지 여부를 확인하고 싶다.
- 참나무를 심는 방법이 궁금하다.
- 작은 시작이 큰 결과로 이어질 수 있는지 궁금하다.

우리 집 뒤편에는 유칼립투스 나무로 뒤덮인 언덕이 있다. 내가 사랑하는 많은 것들이 호주에서 왔다. 캔바(온라인 디자인 플랫폼), 코클리어(인공와우 제조사), 로드(팟캐스트 장비), 에스프레소(휴대용 모니터) 등. 하지만 유칼립투스 나무만큼은 포함되지

내가 심은 6개월 된 참나무 묘목. 나는 이 나무의 그늘에 앉을 수 없을 것이다.

©Beth Kawasaki

않는다. 과학자들에 따르면 유칼립투스 나무는 하루에 수백 리터의 물이 필요하고 기름 성분 때문에 가연성도 높다. 나무에서 벗겨진 껍질이 산불의 위험을 높이기도 한다.

캘리포니아주에서는 벨 수 없는 나무의 종류가 정해져 있는데, 유칼립투스 나무에 대해서는 논란이 거세다. 나는 이 침입종을 150그루 베었다. (유칼립투스 목재나 부스러기를 원하는 사람은 연락 바란다.) 헐벗은 언덕을 마주한 나의 과제는 그곳을 참나무 같은 고유종으로 채우는 것이었다.

참나무는 새와 애벌레를 비롯한 동물들에게 생태계를 제공하는 아름다운 나무다. 물이 토양에 침투하는 것을 돕기도 한다. 내가 이 나무에 빠진 후 알게 된 사실은 참나무를 심고 키우는 것이 절대 사소한 일이 아니라는 것이다. 여러모로 그 과정은 개인이 성장하고 리마커블한 삶을 준비하는 과정과 참 많이 닮아 있다.

참나무를 심을 때 나는 무엇보다 자신의 죽음을 마주해야 했다. 나는 내가 심은 참나무의 그늘에 앉을 수 있을 때까지 살지 못할 테니까. 언덕을 참나무로 채우는 일은 다음의 과정을 거쳐야 한다.

- 참나무 아래에 떨어진 도토리를 잔뜩 줍는다. 도토리는 넘쳐나고 공짜로 얻을 수 있으며 관심을 두지 않는 사람들이 대부분이다. 캘리포니아주 샌프란시스코 베이 에어리어에 사는 사람이라면 로스가토스 시내에 있는 유니버시티 애비뉴에서 도토리를 주울 수 있다.
- 물에 담가서 상태가 나쁜 도토리를 걸러 낸다. 만약 물에 뜨면 썩었거나 쭉정이라는 뜻이다. 가라앉으면 건강하다는 뜻이다. (왠지 우리의 삶과도 비슷한 것 같다.)
- 축축한 종이 타월로 덮어 냉장고에 한두 달 놓아둔다. 이것을 층적법stratification이라고 하는데, 자연에서 도토리가 발아를 준비하기

위해 경험하는 추위를 냉장 처리로 모방하는 것이다.

- 들판에 약 1.5센티미터 깊이로 씨앗을 심는다. 물과 양분을 공급한다. 지켜보면서 약한 것은 제거한다. 아마 대부분은 발아하지 않을 것이다. 심는다고 '무조건' 싹이 트지 않는다. 부디 싹이 나오기를 '기도'해야 한다.
- 물과 양분을 주면서 20년 동안 기다린다. 작은 씨앗에서 얼마나 위풍당당한 나무가 자라났는지 확인하라.

도토리 심기는 변화를 만드는 리마커블한 사람이 되는 길에 대한 완벽한 은유라고 할 수 있다. 모으고 준비하고 심고 가꾸고 기다려야 한다. 말로는 쉽지만 실제로 이것을 이루기는 절대로 쉽지 않다.

점을 믿어라

- 성공으로 가는 길이 단순 명료하고 예측 가능한지 알고 싶다.
- 마음이 이끄는 대로 따라가도 괜찮은지 궁금하다.
- 자신의 모든 노력을 믿고 똑같이 중요하게 여기는 법을 배우고 싶다.

나는 도토리를 심은 지 1년도 되지 않았을 때 어떤 것이 싹을 틔울지 예측할 수 없다는 사실을 깨달았다. 스티브 잡스의 2005년 스탠퍼드대학교 졸업식 연설이 떠오른다.

미래를 보면서 점을 미리 연결할 수는 없습니다. 점은 나중에 과거를 뒤돌아보았을 때만 연결할 수 있습니다. 그러므로 여러분은 이 점들이 미래에 어떻게든 연결될 것이라고 믿어야 합니다.
여러분은 자신의 배짱이든 운명이든 인생이든 카르마이든 무언가를 믿어야 합니다. 왜냐하면 점들이 앞으로 연결될 것이라는 믿음은 여러분이 남들이 가지 않는 길, 변화를 만들어 낼 길을 갈 때도 마음이 이끄는 대로 따르도록 자신감을 줄 것이기 때문입니다.

만약 우리가 어떤 도토리가 울창한 참나무로 자라날지, 즉 어떤 점들이 연결될지 미리 안다면 그것들에만 집중할 수 있다. 하지만 그걸 미리 알려는 것이 헛된 일이라는 게 스티브 잡스의 요점이다. 나중에 좋은 결과가 나오리라는 믿음을 가지고 최대한 많은 씨앗을 심어야 한다.

스탠퍼드대학교 졸업식에서 축사를 하는 스티브 잡스(2005).

예를 들어, 제인 구달을 팟캐스트에 게스트로 초대하고 싶다고 하자. 내 경우에는 이런 식으로 점들이 연결되었다.

- 1967년: 호놀룰루 저소득층 지역의 초등학교 교사가 우리 부모님에게 나를 대학 진학을 목적으로 하는 중등학교에 입학시키라고 설득하다.
- 1972년: 스탠퍼드대학교에 입학해서 마이크 보이치와 친구가 되다.
- 1978년: 보석 업계에서 일하기 시작해 세일즈를 배우다.
- 1983년: 마이크의 도움으로 애플의 두 번째 매킨토시 소프트웨어 에반젤리스트로 채용되다.

TEDx팔로 알토 무대에서 제인 구달과 함께. 내 커리어를 통틀어 가장 빛나는 순간 중 하나.

- 2018년: TEDx팔로 알토의 총괄 프로듀서 로니트 위드먼-레비가 제인 구달을 인터뷰해 달라고 나를 초대하다.
- 2020년: 제인 구달이 내 팟캐스트 출연 제의를 수락하다.

나는 로니트를 알지 못했다. 그녀가 나라는 사람을 알고 있었던 건 '순전히' 애플에서 일한 내 경력 때문이었다. 그러므로 그 경력에서 나와 이어진 모든 점이 내 팟캐스트에 제인 구달이 출연하게 된 일로 이어진 것이었다. 이 가운데 미리 계획된 것은 하나도 없었다.

실리콘밸리에서는 다양한 아이디어를 시도하고 지켜본다. 그중 효과적인 아이디어가 있으면 그것을 중심으로 과녁을 그리고 명중한 것처럼 보이게 하고 승리를 선언한다. 대개는 그저 최대한 지혜롭게 추측하면서 최선의 결과가 나오기를 바랄 뿐이다. 그렇기에 가장 좋은 방법은 씨앗을 최대한 많이 심는 것이다. 씨앗을 많이 심을수록 그중에서 참나무가 자라날 확률도 커지기 때문이다.

교육의 중요성을 인지하라

- 성공하기 위해서는 정규교육이 꼭 필요한지 알고 싶다.
- 학습 과정이 과연 단순한 사실 정보 이외에 중요한 것을 제공할 수 있는지 궁금하다.
- 정규교육을 받을 여건이 되지 않을 경우, 다른 교육 방법이 궁금하다.

분야를 막론하고 정규교육을 받는 것보다 씨앗을 심기에 더 적합한 방법은 흔치 않다. 다음과 같이 교육은 좋은 것을 많이 가져다줄 수 있다.

- 노출: 교육은 학교가 아니라면 만날 수 없는 새로운 세상을 열어 준다. 내 팟캐스트 게스트들 중 다수가 어린 시절의 교육이 새로운 분야에 눈뜨게 해 주었다고 언급했다.
- 비판적 사고: 학교는 사실만 가르치는 것이 아니다. 생각하고 판단하고 결정하는 법을 배우도록 도와준다. 사실 정보는 언제든 기술을 이용해 불러낼 수 있다. 비판적 사고가 더 어렵다.
- 사회적 기술: 학교에서는 선생님이나 다른 학생들과 상호작용을 해야만 한다. 일반적으로 변화를 만드는 것 또한 혼자서 하는 일이 아니다.
- 사무 및 육체노동 기술: 나는 컴퓨터 프로그래밍부터 자동차 수리, 목공, 요리에 이르기까지 교육을 폭넓게 정의한다. 세상이 돌아가기 위해서는 다양한 지식이 필요하다.
- 인맥: 당신이 애플 같은 회사를 창업하지 못하더라도 학교 친구가 당신의 인생에 많은 씨앗을 심어 줄 수 있다. 앞에서 말한 것처럼 나도 동창을 통해 애플에 취직했다.
- 신뢰성: 좋든 싫든 세상은 정식 학위에 신뢰성을 부여한다. 학위가 꼭 필요하거나 그것만 있으면 되는 건 아니지만 분명 도움이 된다.

나는 리복의 설립자 조 포스터와의 인터뷰를 통해 그와 그의 형이 3대째 내려오는 신발 제조업 가문에서 태어났는데도 신발 사업을 배우기 위해 대학교에 입학했다는 사실을 알게 되었다. 그는 '학교 공부'를 통해 얻은 혜택을 다음과 같이 설명했다.

우리 형제는 가업에 종사했기 때문에 미식축구화와 럭비화, 축구화 같은 걸 만드는 법을 당연히 알고 있었죠.

하지만 우리는 학교에서 수많은 질문의 답을 아는 많은 이들과 친구가 되었습니다. 이 기계는 어디서 구하는지, 이 재료는 어디에서 구하고, 이건 어떻게 하고 또 다른 방법은 뭐가 있는지를 아는 사람들 말이죠.

하지만 정규교육은 모든 사람이 누릴 수 있는 특권이 아니다. 방금 말한 혜택을 모두가 누릴 수 없다니 안타까운 일이다. 그러나 다행히 교육을 받을 수 있는 방법이 적어도 세 가지가 더 있다.

첫째, 독서가 있다. 독서는 정규교육의 이전, 도중, 이후에 모두 이용할 수 있다. 맥아더 펠로십(일명 '천재상') 최연소 수상자 스티븐 울프럼이 말했다.

저는 물리학 등에 관한 책을 읽기 시작하면서 아주 멋진 사실을 발견했습니다. 도서관에 가서 책을 찾아 무엇이든 배울 수 있다는 것을 말이죠.

버지니아대학교 영문학 교수 엘리자베스 그러너에 따르면 독서는 마법이다.

독서는 연금술이에요. 우리를 바꾸니까요. 또 독서는 우리를 한 번도 가 본 적 없는 곳으로 데려가죠. 직접 경험하기 어려운 경험을 하게 해 주고 그런 경험들이 우리의 일부가 되죠.

둘째, 강좌나 수업, 비디오 등의 형태로 이루어진 온라인 교육이 있다. 인터넷에 접속하면 누구나 약간의 노력으로 교육을 받을 수 있다. 독서와 마찬가지로 온라인 교육은 사회적 측면이 약간 부족할 수 있지만 그래도 무지를 무찔러 준다.

셋째, 견습, 인턴십, 훈련 프로그램이 있다. 이것을 정규교육으로 치지 않는 사람들도 있으나 단순히 의미론적인 차이일 뿐이다. 무언가를 배운다면 교육이라고 할 수 있다.

정규교육은 학습의 전제 조건도 아니고 최고봉도 아니다.

하지만 어떤 방법으로 이루어지든 교육은 당신의 인생에 씨앗을 늘려 준다. 리마커블한 사람들은 일단 시작하면 절대로 배움을 멈추지 않는다.

'열정'이 아닌 '관심사'를 추구하라

- 아직 '열정'을 찾지 못해서 남들보다 뒤처진 게 아닐지 고민이다.
- 열정이 '첫눈에 반하는 사랑'인지 아니면 '꾸준한 구애'에 가까운지 궁금하다.
- 자신의 소명을 확실하게 알아보는 방법을 알고 싶다.

나는 혁신적인 리더나 전문가들이 열정을 찾으라고 조언하는 것을 들을 때마다 속이 울렁거린다. 그 조언은 보장된 실패와 실망감으로 사람들을 안내하기 때문이다.

열정은 너무 높은 기준이다. 자신을 너무 몰아세우지 마라. 사람들은 열정이든 소명이든 누구나 쉽게 찾을 수 있는 것처럼 이야기한다. 고등학교를 졸업하기 전에 열정을 찾아 대학 입학 지원서의 자기소개서에 쓸 이야깃거리가 생기는 것이 가장 이상적이라고 말이다. 열정을 스무 살 전에는 찾아야 한다는 것이 대다수의 생각이다.

하지만 현실적으로 열정을 찾기까지는 수년이 걸릴 수 있다. 솔직히 '찾는다'라는 표현 자체도 잘못되었다. 일단 발견하면 끝인 것처럼 느껴진다. 하지만 열정은 발전시켜 나가는 것이지, 첫눈에 반하는 사랑 같은 경우가 드물다.

열정은 도토리라고 할 수 있는 '관심'으로 시작한다. 또 다른 자연의 비유를 사용하자면, 나비는 번데기에서 나비가 되기 전에 애벌레 상태다. 어떤 도토리가 싹을 틔울지 모르니 '관심'을 자극하는 것을 추구해야 한다. 그중에는 시간이 지날수록 완전한 열정으로 발전하는 관심사도 있을 것이다. 하지만 도토리를 많이 심어야만 그중에서 겨우 몇 개 싹이 튼다는 사실을 기억해야 한다.

임의적인 연결을 만들어라

- 평소 일상적인 상황에서도 좋은 인맥을 구축하는 법을 배우고 싶다.
- 과연 투자할 가치가 있는 관계인지 판단하는 방법을 고민하고 있다.

- 기회가 닿는 대로 인맥을 만드는 것이 좋다는 사실을 알려 주는 사례가 궁금하다.

교육을 받거나 관심사를 추구하거나 스포츠를 하거나 좋은 제품을 만드는 회사에서 일하는 것의 장점은 더 많은 사람을 만날 수 있다는 것이다. 이게 바로 대수大數의 법칙이다. 많은 사람을 만날수록 의미 있는 관계로 발전하고 인연을 맺을 수 있는 사람을 만날 가능성이 커진다.

내 인생(그리고 팟캐스트)에서 예를 살펴보자.

- 팟캐스트 〈오프 더 립Off the Lip〉을 진행하는 닐 펄버그와 산타크루즈에서 서핑하면서 친구가 되었다. 닐을 통해 전 국방부 장관 리언 패네타, 2010년 매버릭스 서핑 대회 우승자 크리스 버티시, 상어 전문가이자 작가, TV 방송인 데이브 에버트를 내 팟캐스트에 초대할 수 있었다.
- 캘리포니아 산타바버라에 있는 애플 스토어에서의 우연한 만남이 환상적인 인연으로 이어졌다. 아들의 아이폰을 고치려고 들른 애플 지니어스 바에서 1980년대 서핑 세계 챔피언 숀 톰슨을 만난 것이다. 나는 애플의 '지니어스'에게 설명을 듣고 나서야 숀이 누구

중국과의 월드컵 결승전에서 결승 골을 기록하고 기뻐하는 브랜디 채스테인(1999).

©Branimir Kvartuc/Zuma Press

인지 알 수 있었다!

- 올림픽과 월드컵에 출전한 축구 선수 브랜디 채스테인과의 인터뷰를 따냈다. 내가 아는 그 누구보다 재산 분할을 많이 한 실리콘밸리의 이혼 전문 변호사 존 콘웨이와 브랜디가 친구라는 데서 나온 인연이었다. 존과도 산타크루즈에서 서핑으로 알게 되었다. 이렇게만 보면 서핑이 무작위로 인맥을 쌓기 위한 중요한 열쇠처럼 보일 것이다. 이는 부정할 수 없는 사실이기도 하다. 하지만 서핑을 즐기지 않더라도 다음의 기본 원칙만 알면 된다.

- 미소를 보여라. 불평불만만 늘어놓는 사람과 인연을 맺고 싶은 사람은 별로 없다. 훌륭한 미소는 입만 움직이는 것이 아니다. 눈 주위를 둘러싼 안륜근을 이용해 뺨이 올라가는 것이 가장 중요하다. '뒤셴 미소Duchenne smile'를 검색해 보면 진짜 미소에 대해 더 자세히 알 수 있다.

- 호기심을 가져라. 상대가 어떤 분야에 종사하는지, 어디에서 일하는지, 어디에 사는지를 물어라. 이런 개방형 질문은 단순한 '예'나 '아니요'가 아니라 길게 대답해야 하므로 대화가 이어질 수 있다.

- 상대가 말하게 하라. 훌륭한 대화는 독백이 아니라 듀엣이다. 이치에 맞지 않아 보일 수도 있지만 대화를 잘하는 사람은 말하기보다 듣기를 더 많이 한다. (입 닥치기에 도움이 필요한 사람들을 위해 이에 대해서는 나중에 다시 다루겠다.)

- 긍정적인 태도를 보여라. 긍정적인 태도는 우연히 만난 사람들과 인맥을 쌓는 효과가 미소보다도 확실하다. 그렇지 않아도 고달픈 삶을 더 우울하게 만드는 사람은 아무도 좋아하지 않는다. 활기차고 긍정적인 사람은 어디에서나 환영받는다.

서핑은 매력적이지만 인맥을 쌓을 수 있는 장소는 바다 말고도 널렸다. 곡예부터 집라인까지, 그 무엇이든 같은 관심사를 공유한 사람들과는 인연을 맺을 수 있다.

자연스러운 뒤센 미소를 보이고 호기심으로 대화를 이끌고 상대의 말에 귀 기울이고 긍정적인 분위기를 유지하라. 이것은 우연히 만난 사람들과 인맥을 쌓는 가장 확실한 방법이다. 서프 보드 따위는 필요하지 않다.

까다롭게 굴지 마라

- 기회가 왔을 때 자존심을 버릴지, 까다롭게 굴지 모르겠다.
- 별로 대단하지 않은 첫 일자리를 크게 키우는 것이 가능한지 궁금하다.
- 임시직이라도 앞으로 나아가는 기술을 배우는 기회로 여기는 자세를 배우고 싶다.

성장 마인드셋만 있다면 세상에 하찮은 임시직은 존재하지 않는다! 음악가, 서커스 공연자, 창업가, 프로그래머, 저자, TED 연사인 데릭 시버스가 그의 경력이 어떻게 시작되었는지 설명한다.

제가 열일곱 살 때 한 친구에게 에이전트가 있었어요. 그 에이전트가 친구에게 전화해서 말했죠. "돼지 쇼에서 돌아다니면서 연주하면 75달러를 받을 수 있어. 할래?"

… 사실 전 20달러를 준다고 해도 괜찮았을 거예요. 제 인생에서 처음으로 돈 받고 하는 공연이었으니까요. 별다른 설명도 없고 그냥 버스에 타고 어디로 가면 된다고 하더라고요.

… 그냥 목에 기타를 메고 돼지 쇼장 안을 돌아다니면서 기타를 쳤죠. 끝나고 보스턴으로 돌아가는 버스에 탔는데 에이전트가 또 전화해서 말했어요. "나 그렉 메릴입니다. 돼지 쇼에서 잘했다던데 이번에는 미술관 오프닝에서 연주해 줘요. 이번에 잘하면 다음에는 서커스에 넣어 주죠."

… 그렇게 서커스단 일을 따냈고 총 1000개가 넘는 쇼에 서게 됐어요. 나중에는 1회당 수고비가 300달러로 올랐고 미국 동북부를 돌면서 1000개가 넘는 쇼에서 연주했죠. 무대 경험을 확실하게 했죠. …

이 모든 엄청난 경험이 75달러짜리 돼지 쇼 공연을 받아들인 덕분에 가능했던 거예요. … 전 재지 않고 모든 기회를 다 잡았어요. 커리어 초기일수록 훌륭한 전략이에요.

테크 부문 창업 커리어를 시작하기 전의 데릭 시버스. 서커스에서 음악을 연주했다.

©Tarleton Reynolds

자존심과 까다로움은 기회를 잡지 못하도록 방해할 때가 많다. 아이비리그 대학을 졸업하고 맥킨지나 골드만 삭스에서 빠르게 성공 가도를 달려 '무한대의' 부와 명예를 거머쥐겠다는 야망은 비현실적이다. 설령 이를 해낸다고 해도 전혀 리마커블하지 않다.

내 팟캐스트 게스트들 중에는 그런 경로를 지나온 사람이 한 명도 없다. 대다수는 말단으로 시작해서 수년 동안 열심히 일했다. 어디에서 시작하고 누구에게 도움을 받는지는 중요하지 않다. 중요한 것은 당신의 최종 목적지다.

투쟁을 프레이밍하라

- 한 가지 관심사에 집중해야 할지 아니면 관심사를 다양화해야 할지 모르겠다.
- 하나의 관심사와 그 기술이 어떻게 다른 관심사들에 전해지고 도움이 될 수 있는지 궁금하다.
- 자신을 미리 정해진 곳에 가두는 외부 압력을 피하고 싶다.

운동선수 브랜디 채스테인과 케리 월시 제닝스는 아이들이 고등학교를 졸업하기도 전에 스포츠를 진로로 결정하게 하면 안 된다고 당부했다. 브랜디는 1996년 애틀란타 올림픽에서 금메달을 땄고 1991년과 1999년 월드컵 우승팀에서 뛴 훌륭한 축구 선수다.

비치발리볼 선수 출신인 케리 월시 제닝스는 올림픽에 다섯

2012년 런던 올림픽 메달 시상식에서 케리 월시 제닝스(오른쪽)와 미스티 메이-트리너. 그들이 속한 미국 여자 비치발리볼 대표팀이 금메달을 땄다. ©Cameron Spencer/Getty Images

번 출전했고 세 개의 금메달을 땄다. 그녀는 국내와 국제 대회에서 모두 우승 기록을 보유하고 있다.

여러 스포츠를 하면 다양한 분야에 적용되는 기술을 발전시킬 수 있다. 예를 들어, 케리는 만약 축구를 했다면 발놀림이 더 좋아졌을 거라고 아쉬워한다. 다른 활동, 관심사, 주제도 마찬가지다. 너무 일찍 축구 선수나 비치볼리볼 선수, 비서, 또는 돼지 쇼 음악가로 분류되지 않도록 다양한 분야에 도전해야 한다.

'능력주의ableism'라는 악의적인 프레이밍에 특별한 주의를 기울일 필요가 있다. 이것은 그 사람의 능력에 대한 편견을 바탕으로 평가하고 차별하고 배제하는 것을 말한다. 예를 들어, 청각장애나 시각장애가 있는 사람은 변호사가 될 수 없다는 생각이 능력주의에 속한다.

하벤 길마를 보면 생각이 바뀔 것이다. 그녀는 청각장애와 시각장애가 있으나 하버드 로스쿨을 졸업하고 장애인 인권 변호사로 일하고 있다. 한마디로 그녀는 남들과 '다르게 유능'하다. 그녀가 능력주의를 어떻게 극복했는지 이야기한다.

장애인을 비장애인보다 열등한 존재로 프레이밍하는 능력주의가 우리 사회에 널리 퍼져 있죠. 하지만 제가 이런 장애가 있다고 해서 법률가가 되지 못할 이유는 없어요. 법률가의 일에서 가장 큰 부분은 읽기거든요. 저는 점자로 읽을 수 있어요. 점자를 이용한 읽기가 저에게 법률가라는 직업에 대한 접근성을 주죠.

… 저는 변호사가 되기 위해 장애를 극복할 필요가 없었어요. 물론 저는 여전히 청각과 시각장애가 있는 장애인이죠. 오히려 저에게 가장 큰 장벽은 세상의 능력주의였어요.

내가 베토벤에게서 희망을 얻었던 것을 기억하는가? 하벤도 나의 영웅이다. 그녀는 시각장애와 청각장애를 가지고도 하버드 로스쿨을 졸업하고 변호사로 일하고 있는데, 나라고 청각장애를 이겨내고 팟캐스트를 진행하지 못할 이유가 있을까? 그러므로 자신을 포함해 그 누구도 나의 가능성을 제한하게 두지 말자.

세일즈로 시작하라

- 세일즈 업무가 커리어를 쌓는 데 좋은 훈련이 될지 궁금하다.
- 자신과 자신의 잠재력을 마케팅하는 방법을 배우고 싶다.
- 위협적인 위치를 추구하는 것이 능력 계발에 도움이 될지 궁금하다.

나는 MBA 과정을 마친 후 고급 보석 제조업체의 영업 및 마케팅 부문에서 일했다. 보석 매장에 제품을 파는 회사였다. 그때는 콜 투 액션CTA, call to action 버튼 위치 테스트라든가, 웹페이지의 형형색색 텍스트 같은 것이 없었을 때라 마케팅은 직접 몸으로 부딪쳐야 하는 싸움이었다.

세일즈만큼 평소의 안전지대를 벗어나 생판 모르는 사람들에게 다가가야만 하는 일도 없을 것이다. 세일즈는 다음과 같은 것들을 가르쳐 준다.

- 인내심: 잠재 고객에게 다가가 주문을 받고 보상을 얻기까지 오랜 시간이 걸린다. 당신이 원하는 시간표대로 움직여 주는 판매자는 거의 없다.
- 회복탄력성: 세일즈 경험에서 얻는 가장 값진 교훈은 끝없는 거절을 이겨 내는 법을 배울 수 있다는 것이다. 쉬운 세일즈란 없으니 끊임없이 노력해야 한다.
- 설득력: 일단 세일즈를 시작하면 사람들을 설득해 당신이 파는 물건을 사게 만들어야 한다. 설득력이 필요하다.

우리는 살아가는 동안 평생 또는 꽤 오랫동안 세일즈를 하게 되므로 세일즈에 능숙해지도록 노력해야 한다. 입사 지원, 데이트 신청, 승진, 수익 창출, 약속 잡기가 모두 세일즈에 포함된다. 그만큼 세일즈는 실생활에서 매우 중요한 기술이다.

대체할 수 없는 사람이 되어라

- 성장에 집중하는 방법을 배워 인턴십을 최대한 활용하고자 한다.
- 인턴십 경험의 목표를 세우는 데 도움이 필요하다.
- 어떻게 하면 성공적으로 커리어를 시작할 수 있는지 알고 싶다.

TV 스타이자 머랭의 대가로 불리는 셰프 앤드루 짐먼은 나에게 씨앗에서 묘목을 키우는 훌륭한 방법을 알려 주었다. 그가 미네소타에 있는 TV 방송국에서 무급 인턴으로 일하게 되었을 때 그의 멘토이자 영적 스승이 해 준 조언을 공유했다.

누구도 대체할 수 없는 사람이 되어라.

만약 '리마커블한 사람 시상식'이나 '리마커블한 커리어 조언상'이 존재한다면 앤드루를 선정하고 싶다. 세 군데에서 무급 인턴으로 일하고 세 군데 모두에서 채용 제안을 받는다면 잘하고 있다는 뜻이다.

다음은 회사와 상사에게 대체할 수 없는 자산이 되는 방법이다.

- 성실하게 자리를 지켜라. 대체할 수 없는 사람들은 항상 자리를 지키고 할 일을 한다. 대체할 수 있는 사람들은 그렇지 않다. 아주 간단하다. 대면 방식의 업무든 비대면 업무든 마찬가지다.

- 아무도 하려고 하지 않는 일을 하라. 별로 내키지 않더라도 필요한 일은 꼭 해야 한다. 그것은 당신의 가치를 보여 주고 다른 사람들 사이에서 돋보이게 하는 좋은 방법이다.

- 기술의 폭을 넓혀라. 많은 기술을 갖추고 있을수록 할 수 있는 일도 늘어난다. 할 수 있는 일이 많을수록 당신의 가치가 올라간다.

- 틈새를 노려라. 많은 사람이 갖고 있지 않은 능력은 가치가 크다. 방송국에서 일하는데 유일하게 당신만 영상 편집을 할 줄 안다고 생각해 보라.

- 높은 기준을 세워라. 무엇을 하든 최선을 다해야 한다. 리마커블해지고 싶다면 '적당히' 잘하는 것만으로는 부족하다.

- 상사의 체면을 살려 주어라. 상사의 체면이 서면 당신에게도 유리하다. 상사가 잘하면 당신도 잘하게 되어 있다. 직장인의 운명은 서로 얽혀 있기 마련이다. 상사의 체면이 구겨지면 당신에게도 절대로 좋을 게 없다.

플로리다주 마이애미에서 열린 사우스 비치 와인 앤드 푸드 페스티벌에서 '행운의 젓가락'
을 사용하고 있는 앤드루 짐먼(2016).
©Aaron Davidson/Getty Images

앤드루가 일찌감치 일터에 모습을 드러내고 기꺼이 나서서 남들이 꺼리는 청소를 하고 메이크업, 음향, 조명, 게스트 섭외 업무를 배우고 프로그래밍 텔레프롬프터 같은 틈새 기술을 익히는 모습이 선명하다. 분명 그는 상사의 체면도 세워 주었을 것이다.

이 조언들은 당신의 삶과 일에 모두 도움이 될 것이다. 어쩌면 사후 세계에서까지 유용하게 써먹을 수 있을지도(나는 사후 세계를 믿는다). 대체할 수 없는 사람은 리마커블할 수밖에 없다.

썩은 씨앗을 걸러라

- 믿을 만한 사람인지 분간하는 법을 배우고 싶다.
- 들어야 할 때와 말해야 할 때를 확실하게 구분하고 싶다.
- 대학 교육의 필요성에 대한 통찰력을 원한다.

물에 뜨는지 여부에 따라 썩은 도토리나 쭉정이를 골라낸다고 한 것을 기억하는가? 우리가 마주하는 데이터와 정보도 신중하게 골라낼 필요가 있다.

이를 분별력이라고 한다. 진실과 거짓, 좋은 것과 나쁜 것, 중요한 것과 중요하지 않은 것의 차이를 알아보고 현명한 판단을 내리는 능력이다. 살면서 접하는 모든 정보를 분별력 있게 판단하는 방법을 알아보자.

- 자신을 평가하라. 당신은 그 주제에 대해 얼마나 알고 있는가? 이미 한 방향으로 치우치지 않았는가? 아는 것이 적고 편견이 클수록 입을 다물고 귀를 기울여야 한다.
- 평행 읽기를 하라. 나는 친구인 스탠퍼드대학교 교육학 명예교수 샘 와인버그의 가르침대로 조직의 웹사이트만 참고하는 것을 그만

두었다. 같은 주제에 대해 위키피디아와 구글 뉴스 등 여러 출처를 확인해 볼 필요가 있다.

- 정보의 출처를 평가하라. 지식 및 견해의 토대를 이루는 게 무엇인 가? 정규교육에서 비롯된 정보인가, 실제 경험인가, 아니면 희망 사항에 불과한가? 정보 출처의 평판이 좋은 편인가?

- 합의된 견해인지 확인하라. 그 주제에 대하여 전문가들의 합의가 이루어졌는가? 비록 찬성하지 않더라도 어떤 주제에 대한 우세한 견해가 무엇인지 알아 두는 것이 좋다. 나의 어머니는 늘 이렇게 말씀하셨다. "세 사람이 네가 취했다고 말하거든 절대 운전대를 잡 지 말고 택시를 타거라."

- 투명성을 평가하라. 정보 출처의 동기가 공개적으로 드러나 있는 가? 상충하는 이해관계나 숨겨진 의도가 정보에 영향을 미치고 있 지 않은가? 데이터와 방법론, 논리적 절차가 설명되어 있는가, 아 니면 근거가 부족해서 믿음이 비약을 요구하는가?

- 순서를 조사하라. 첫째, 원인 이후에 나온 결과인가? 둘째, 순서가 맞는다면 이치에 맞는 인과관계가 존재하는가? 스티브 잡스는 대 학을 졸업하지 못했으나 그 사실이 그가 리마커블해지는 것을 막 지 못했다.

'보이지 않는 고릴라' 실험의 한 장면. 비디오를 본 피실험자의 절반이 9초 동안 등장한 고릴라를 알아차리지 못했다.　　　　　　　　　©Daniel Simons et al., 1999/SAGE PUBLICATIONS, INC.

　분별력은 귀 기울여야 할 때와 무시해야 할 때, 반박해야 할 때를 가르쳐 준다. 분별력을 기르면 보다 효율적인 성장이 가능해진다. 최고의 팁을 하나 주겠다. 내가 판별한다고 생각하지 말고 판별당한다고 생각하라. 자신이 어떻게 보이는가?

"빠진 것은 무엇인가?"라고 물어라

단순하고 매우 효과적임에도 불구하고 자주 사용되지 않는 분별의 기술이 있다. "빠진 것은 무엇인가?"라고 생각해 보는 방법이다. 나는 이 기술을 일리노이대학교 심리학과 교수 대니얼 사이먼스로부터 배웠다. 그는 '보이지 않는 고릴라' 영상 실험을 한 장본인이다.

대니얼에 따르면 많은 작가와 전문가들이 스티브 잡스(리드 칼리지, 1972)와 빌 게이츠(하버드대학교, 1975), 마크 저커버그(하버드대학교, 2004)가 대학을 중도에 그만두고도 크게 성공한 사실을 이야기한다고 한다.

이렇게 성공한 개인이나 기업을 연구하고 그들에게서 나타나는 공통점을 성공의 원인으로 분류하는 것은 오랜 전통이다. 이 경우에는 대학 중퇴가 위대한 기업가를 만들고 대학 교육은 성공의 필수가 아님을 암시한다.

하지만 대니얼의 공동 저자인 크리스토퍼 차브리스는 2015년에 253개 '유니콘'(기업 가치 10억 달러 이상인 비상장 스타트업)의 CEO 전원이 대학 학위를 가지고 있다는 사실을 발견했다. 게다가 이는 2015년 한 해만의 데이터를 살펴본 결과였다. 그에 반해 잡스와 게이츠, 저커버그는 수십 년에 걸쳐 어쩌다 나타난 사례일 뿐이다.

대학 졸업장 없이 크게 성공한 소수의 기업가만 고려하면 대학 졸업장이 있는 성공한 사업가들은 그보다 훨씬 더 많다는 사실을 놓친다. 그러니 대학 졸업장을 받는 게 훨씬 더 좋을지도 모른다.

2×2 행렬 형식으로 생각하는 법을 배우면 전체적인 그림을 이해하기가 쉽다. 차브리스의 정보가 있어도 우리가 모든 정보를 가지고 있지는 않다는 사실을 명심하자!

	성공하지 못함	성공함
대학 학위 없음	모름!	스티브 잡스, 빌 게이츠, 마크 저커버그
대학 학위 있음	모름!	유니콘 CEO들

사실 정보를 마주할 때마다 "빠진 것은 무엇인가?"를 물어라. 대학을 중퇴한 억만장자 기업가들의 사례를 무시한다면 성공한 테크 분야 CEO들은 대부분 대학 졸업장을 가지고 있다

는 사실을 발견할 것이다. 현재의 결론과 일치하지 않는 사실이
빠졌을 수도 있음을 고려하는 것이 핵심이다.

참고하면 좋은 자료

하벤 길마, 《하벤 길마: 하버드 로스쿨을 정복한 최초의 중복장애인》.

제인 구달, 《희망의 이유》.

월터 아이작슨, 《스티브 잡스》(그 어떤 부제도 필요 없으니 훌륭한 책이 분명하다).

대니얼 사이먼스, 《당신이 속는 이유》.

대니얼 사이먼스, 크리스토퍼 차브리스. 《보이지 않는 고릴라》.

샘 와인버그, 《확인: 인터넷에서 본 것들에 대해 똑바로 생각하고 속지 않고 더 나은 결정
을 하는 방법(Verified: How to Think Straight, Get Duped Less, and Make Better Decisions
About What to Believe Online)》.

샘 와인버그, 《왜 역사를 배워야 할까?》.

앤드루 짐먼, 《기이한 진실: 입 먼저 문밖으로 나갔다가 고개를 흔들며 돌아오다(The Bizarre
Truth: How I Walked out the Door Mouth First... and Came Back Shaking My Head)》.

2단계

Think Remarkable

그릿: 야망을 깨워라

4장
–
좋은 일을 하라

문제 + 희망 = 변화

올리비아 줄리아나

그릿 마인드셋을 가져라

- 그릿을 알고 싶다.

- 성공하려면 그릿이 꼭 필요한지 궁금하다.

- 그릿 마인드셋을 키우는 방법을 배우고 싶다.

이 장의 제목이 '좋은 일을 하라'인 이유는 바람직한 목표를 그보다 잘 설명하는 표현이 없기 때문이다. 좋은 일은 각자의 상황에 따라 뭐든 될 수 있다. 제품이나 서비스도 될 수 있고 팀, 수업, 그룹, 예술, 스포츠, 인생일 수도 있다.

이것이야말로 우리가 지금까지 줄곧 준비한 목표다. 좋은 일을 하려면 회복탄력성, 인내, 끈기가 필요하다. 한마디로 그 릿이 있어야 한다. 앤절라 더크워스는 펜실베이니아대학교 교수이자 맥아더 펠로이고 그릿 전도사다. 그녀는 그릿을 다루는 책《그릿》을 썼다. 그녀가 그릿을 어떻게 정의하는지 보자.

> 그릿은 일부 연구자들이 '궁극적 관심'이라고 부르는 것, 당신에게 너무나 중요해서 당신이 하는 거의 모든 일을 결정하고 의미를 부여하는 목표를 말한다. 그릿은 목표를 굳건하게 지킨다. 당신이 쓰러졌을 때도 실패했을 때도, 심지어 목표를 향해 나아가는 움직임이 느려지거나 멈추었을 때도.

그릿은 어느 날 아침에 일어나 갑자기 생기는 것이 아니다. 그릿은 당신의 행동에 변화를 일으키는 사고방식이다. 그릿은 무언가에 관한 관심으로 시작한다. 관심이 생긴 분야를 자세히 알고 계속 추구하기로 결심하는 것이다.

끌림 이후에도 노력을 계속한다. 조언과 도움을 얻으려고 한다. 그릿을 보여 준 사람들의 사례에서 영감을 얻는다. 도중에 실패를 겪어도 더 열심히 노력한다. 타고난 '재능'의 여부가 성공과 실패를 좌우하지 않는다는 것을 깨닫는다. 관심사가 바뀌

어도 그릿 마인드셋은 계속 유지되어 다른 관심사로 옮겨 간다.

비슷한 수준의 의지와 회복탄력성을 지닌 사람들을 주변에 두어야 한다. 오랜 시간과 노력을 쏟아부어야 한다. 억지로 그릿을 가지려 애쓰는 것이 아니라 그릿은 평소의 마인드셋이어야 한다. 그릿은 당신의 태도를 좌우하는 직업윤리work ethic다.

결국 당신은 능력이 너무나 출중해지고 관심사가 같은 사람들을 도와주고 싶어질 것이다. 관심사로 시작한 것이 소명(다음 장에서 살펴볼 이키가이生き甲斐라는 단어를 기억해 두길)이자 변화의 방식이 된다.

그릿은 리마커블해지고 싶은 사람에게 가장 중요한 단어라고 할 수 있다. 모든 리마커블한 사람들에게 나타나는 공통점이기 때문이다. 장담하건대, 그릿이 있는 사람은 반드시 리마커블하기 마련이다.

내가 쓰고 싶은 것을 만들어라

- 사람들이 제품과 서비스에 대한 아이디어를 어떻게 생각해 내는지 알고 싶다.

- 호기심, 다양한 시도와 실험에 대한 타당성을 인정받고 싶다.
- 자신을 위해 만든 무언가가 상품 가치가 있을지 궁금하다.

그릿의 적용은 관심사의 추구에서 시작된다. 이는 자신이나 어떤 제품, 서비스, 책, 미술 작품 또는 대의를 위해 원하는 변화를 시각화하는 것을 뜻한다. 이 장에서는 변화를 시각화하는 방법을 다룬다.

먼저 내 과거에서 보기를 가져와 보자. 최초의 애플 컴퓨터를 디자인한 사람은 스티브 잡스가 아니다. 스티브 워즈니악이다. 워즈니악은 자신이 원하는 컴퓨터를 만들었다. 알고 보니 개인용 컴퓨터를 원했던 건 그뿐만이 아니었다. 두 스티브와 세상 모두를 위해 잘된 일이었다.

세쿼이아 캐피털의 마이크 모리츠는 가장 위대한 벤처 투자가일 것이다(구글, 야후, 페이팔, 링크드인, 자포스, 드롭박스, 왓츠앱에 투자했다). 언젠가 그는 나에게 이런 말을 했다. 테크 스타트업의 가장 큰 금맥은 자기가 쓰고 싶은 물건을 만드는 너드[nerd]들이라고. 스스로를 1인 시장이라고 여기지 않는다면 절대로 '시장 주도적'이라고 할 수 없다.

하지만 '자기가 쓰고 싶은 것을 만드는' 것은 테크 분야의 너드들이 발명하거나 완벽하게 다듬은 접근법이 아니다. 내가 가장 좋아하는 전통적인 저차원 기술low-tech 분야의 사례가 있다. 1950년대 초에 리퀴드 페이퍼(수정액)를 발명한 벳 네스미스 그레이엄이다.

벳은 텍사스의 은행에서 일하는 비서였는데 타자기로 입력한 문서의 오타를 고칠 방법을 찾고자 했다. 그녀는 다양한 페인트와 비누로 실험했고 혼합물에 이산화티타늄을 추가했다. 그 혼합물은 오타를 완전히 덮어 주었고 이내 다른 비서들도 그녀에게 수정액을 부탁하기 시작했다.

주로 우리의 귀에 들려오는 것은 실패한 아이디어가 아니라 성공한 아이디어들이다(뭐가 빠졌는지 생각해 봐야 한다는 것을 기억하라). 만일 자기가 쓰려고 만든다면 적어도 그 물건을 원하는 사람이 한 명은 있으니 성공할 가능성이 있다는 뜻이다. 변화를 시각화하는 첫 번째 방법은 바로 자기가 사용하고 싶은 물건을 만드는 것이다.

고통을 줄여라

- 고통을 줄여 주는 것이 현실적인 비즈니스 전략인지 궁금하다.
- 주변의 고통스러워하는 사람들을 도울 방법을 찾고 싶다.
- 자신의 경험을 이용해서 다른 사람들의 고통을 줄여 주고 싶다.

사람들의 삶에서 고통을 없애 주는 것은 리마커블함에 이르는 훌륭한 수단이다. 편두통으로 고생하는 사람으로서 장담하건대, 고통은 사람들에게 엄청나게 강력한 동기를 부여하며 누군가의 고통을 줄여 주면 반드시 인정과 감사를 받는다.

수많은 사람의 고통을 줄여 준 리마커블한 사람의 세 가지

이름	기업명	어떤 고통을 줄였나?
멜라니 퍼킨스	캔바 (Canva)	그래픽 디자인 비용과 어려움
마크 베니오프	세일즈포스 (Salesforce)	수백만 명이 겪는 현장 소프트웨어 업데이트의 번거로움
그레천 칼슨	리프트 아워 보이스 (Lift Our Voices)	직장 내 성폭력

사례를 살펴보자.

기회를 찾으려면 '내가 누구의 고통을 줄여 줄 수 있을까?' 라는 질문을 떠올려 보아야 한다. 보통 사람들은 고통에 놓이면 적극적으로 또는 필사적으로 고통을 줄일 방법을 찾으려고 한다. 사람들이 어떤 고통을 느끼는지 알고 해결책을 만들어 낸다면 리마커블함에 이를 수 있을 것이다.

카멀라 해리스 부통령의 박수를 받으며 조 바이든 대통령과 악수하는 그레천 칼슨. '2022 성폭력 및 괴롭힘 사건의 중재 조항 종결 법률'이 승인된 것을 축하하고 있다.

©Anna Moneymaker/Getty Images

순서를 파괴하라

- 자신이 좋아하는 일과 고객이 원하는 것 중에서 어디에 집중해야 하는지 알고 싶다.
- 신제품 개발에 대한 통찰을 얻고 싶다.
- 가치 있는 제품을 만드는 올바른 접근 방식이 궁금하다.

아마존 창업자와 CEO의 최고 참모직을 지낸 콜린 브라이어에 따르면 아마존의 성공 비결은 순서를 파괴해 새로운 제품과 서비스를 만드는 관행이다. 그동안 해 왔고, 좋아하고, 하고 싶은 일을 하는 게 아니라 거꾸로 고객이 원하는 것을 한다.

넷플릭스도 거꾸로 일하는 기업이다. CEO 리드 헤이스팅스는 사람들이 자동차를 몰고 비디오 대여점 블록버스터에 갈 일 없이 다양한 종류의 영화를 보고 싶어 한다는 것을 깨달았다. 넷플릭스가 처음 시도한 방법은 고객들에게 DVD를 우편으로 보내는 것이었지만 헤이스팅스는 처음부터 인터넷을 사용할 생각이었을 것이다. 비록 당시에는 그 방법을 실행할 수 있을 정도로 다운로드 속도가 빠르지 않았는데도 회사 이름에 '넷net'을 넣은 걸 보면 말이다.

또 다른 예로 신발 회사 반스가 있다. 설립 초기, 한 여성이 분홍색 천 조각을 들고 매장으로 들어와 자신이 직접 만든 원피스와 어울리는 신발을 찾으려고 했지만 어울리는 것이 하나도 없었다. 설립자 폴 반 도렌은 남은 천으로 어울릴 만한 신발을 만들어 주겠다고 했다. 결국 반스는 옷에 맞는 신발을 원하는 캘리포니아 치어리더팀과 스포츠팀에도 적합한 신발을 제공했다. 또한 반 도렌은 한 짝만 잃어버리거나 손상되었을 경우를 대비해(스케이트 보더들은 한쪽이 먼저 닳는 경향이 있다) 한 짝만 판매하는 것도 가능한 정책을 만들었다.

하지만 대부분 조직은 이와 반대로 일한다. '우리가 원래 하는 일, 우리가 좋아하는 일, 우리가 잘하는 일을 하자. 고객들이 우리가 일하는 방식을 따라오게 하면 된다'라는 식이다. 블록버스터는 '고객들은 비디오를 빌리기 위해 우리 매장에 와야 한다'라는 태도로 일했을 것이다. 신발 제조업체들 역시 한정된 스타일을 대량으로 만들었고 항상 한 켤레로만 팔았을 것이다.

일의 순서에서 고객의 니즈보다 당신의 기술과 관심사를 우선시한다면 고객의 진정한 니즈를 확실하게 다룰 수 없다. 하지만 고객의 니즈에서 출발해 순서를 파괴한다면 고객들에게 좋은 반응을 얻을 가능성이 커진다.

분노를 해결하라

- 분노를 건설적인 동기로 바꿀 수 있을지 궁금하다.
- 잘못을 바로잡기 위한 목적으로 만들어진 기업의 사례가 궁금하다.
- 분노를 창조적인 힘으로 이용하는 방법을 배우고 싶다.

화나고 짜증 나는 문제를 해결하는 것은 대의를 찾는 좋은 방법이다. 당신에게 직접적인 영향을 미치지 않더라도 잘못된 일을 바로잡는 것이기 때문이다. 아마도 당신 혼자만 느끼는 짜증이 아닐 가능성이 크므로 그 문제를 해결하려는 당신의 노력을 다른 사람들도 알아주고 지지해 줄 것이다.

환경오염, 기후변화, 범죄와 싸우는 사람들을 생각해 보라. 오른쪽 표는 분노에 자극받아 행동을 개시한 사람들이다.

그레그 애벗에 반대하는 엄마들Mothers Against Greg Abbott[약어 'MAGA'(트럼프 대통령의 대선 및 집권 구호 '미국을 다시 위대하게Make America Great Again'와 똑같다—옮긴이)가 의미심장하다]은 텍사스 교육청이 코로나 기간에 마스크 착용 의무화를 종료하고 방역 지침을 '약화'한 것에 분개한 낸시 톰슨이 2021년 8월 6일에 설립한 조직이다. 낸시는 텍사스주의 약한 코로나 방역 지침과 전력망

조직	동기
음주 운전에 반대하는 엄마들	캔디스 라이트너의 딸을 죽인 음주 운전자가 가벼운 형벌을 받은 것
그레그 애벗에 반대하는 엄마들	텍사스 주지사 그레그 애벗의 정책으로 아이들이 위험에 놓인 것
흑인의 목숨도 중요하다	흑인에 대한 사회적인 인종차별과 폭력

강화 실패, 성소수자 권리 감소에 항의하기 위해 파란색과 빨간색 사인펜으로 피켓을 만들어 주의회 건물로 갔다.

그녀는 페이스북과 X에 1인 시위 사진을 올렸다. 지나가는 사람들도 그녀의 사진을 찍어서 SNS에 올렸다. 일주일 후 이 1인 시위는 수천 명이 참여하는 사회운동으로 커졌다.

억울함이나 부당함으로 인해 촉발된 분노는 사람들에게 강력한 반향을 일으켜 해결책을 찾도록 할 수 있다. 이 사건들은 수많은 사람이 자리에서 일어나 더 나은 세상을 위해 변화를 추구하게 만들었다.

그레그 애벗에 반대하는 엄마들 운동이 시작된 2021년 8월 MAGA 피켓을 들고 서 있는 낸시 톰슨.

다음 곡선으로 점프하라

- 기존 시장을 활용하는 것이 더 나을지 아니면 새로운 시장을 만들어야 할지 고민이다.
- 자신의 제품이나 서비스가 필요 없어질까 봐 걱정스럽다.
- 도약을 통한 혁신과 점진적 개선으로 혁신에 대한 통찰을 얻고 싶다.

다음 곡선으로 점프하거나 다음 곡선을 만든다는 것은 소극적으로 미래를 기다리지 않고 원하는 미래를 직접 만들어 간다는 뜻이다. 얼음 사업이 대표적인 예다. 이 사업은 처음에는 꽁꽁 언 연못에서 얼음을 얻는 것에서 시작해 집에서 일 년 내내 언제든 물을 얼릴 수 있는 개인용 얼음 공장인 냉장고로 바뀌었다.

애플은 다음 곡선으로 뛰어넘어 컴퓨터를 변화시켰다. 문자 기반 컴퓨터(애플 I, II)에서 그래픽 사용자 인터페이스 컴퓨터(매킨토시, 리사)로, 휴대용 음악 플레이어(아이팟)로, 휴대용 태블릿(아이패드)으로, 스마트폰(아이폰)으로. 이렇게 많은 곡선을 만들거나 뛰어넘은 기업은 흔하지 않다.

코닥은 곡선을 뛰어넘거나 새로 만들지 못한 기업의 가장 대표적인 사례다. 1970년에 코닥의 엔지니어 스티브 새슨이 디지털카메라를 발명했다. 그가 발명한 최초의 디지털카메라는 무게 8파운드(약 3.6킬로그램), 해상도는 100×100픽셀이었다. [아이폰 14의 무게는 6온스(약 170그램)이고 해상도는 8064×6048 픽셀]

안타깝게도 코닥은 필름이라는 곡선에서 살고 번창하고 죽었다. 필름이 무엇인지 모르는 사람들에게 알려 주자면, 빛에 노출되면 이미지를 '포착'하는 화학물질이 덮인 플라스틱 시트

스티븐 새슨과 최초의 디지털카메라(1975).

를 말한다. 빛에 노출해 사진을 찍은 후에는 필름 롤을 사진관에 맡겨 현상한다. 그러고 나면 짧게는 한 시간에서 길게는 며칠 안으로 사진이 손에 들어온다.

코닥은 다음 곡선인 디지털 사진을 받아들이지 않았다. 가장 먼저 발명해 놓고도 말이다. 코닥은 스스로 화학 및 필름 기업이라고 여겼을지 모른다. 솔직히 그 8파운드짜리 시제품을 소비자용 기기로 만드는 것 또한 쉽지 않았을 것이다.

스티븐 새슨이 회사가 현재 만드는 제품의 필요성을 없애는 신제품을 개발했다고 알렸을 때 분명 분위기가 좋지 않았을 것이다. 이것이 바로 고정 마인드셋의 전형적인 예다. 코닥은 자사의 사업을 필름과 화학제품 포장업체로 정의했고 그 일을 했다. 사업은 수익성이 있었고 앞으로도 그대로일 것만 같았다.

만약 코닥이 자사의 사업을 추억의 저장으로 정의했다면 화학물질에서 디지털 칩으로 곡선을 뛰어넘었으리라. 오늘날 우리는 코닥 카메라를 쓰고 있을 것이고 그 기술이 모든 핸드폰에도 들어 있을 것이다. 하지만 2023년 기준, 그 자리는 코닥이 아닌 소니가 차지하고 있다.

진정으로 혁신적이고 리마커블한 기업은 다음 곡선에 대비해 제품을 개발한다. 현재의 곡선에는 진보가 별로 없다. 소비자의 마음속 점유율인 마인드셰어와 시장점유율에서 경쟁이 이루어진다. 행동을 개시해야만 다음 곡선으로 점프할 수 있다.

파도를 타라

- 트렌드를 앞서가는 것과 따라가는 것 중에서 뭐가 나은지 궁금하다.
- 거대한 파도처럼 이미 움직이는 트렌드에 합류하고 싶다.
- 점점 커지는 분명한 니즈를 향해 나아가는 방법을 배우고 싶다.

다음 곡선이 이미 만들어지고 있을 때도 있다. 그럴 땐 내 배뿐만 아니라 모두를 위해 '파도를 높이는' 방법을 찾아야 한다. 가령, 1970년대에 개인용 컴퓨터의 성공 가능성이 입증된 것은 애플뿐만 아니라 코모도어, IBM, 컴팩에도 좋은 일이었다.

타인이 이득을 본다고 반드시 내가 손해 보는 것은 아니며 타인이 손해를 본다고 꼭 내가 이득을 본다는 뜻도 아니다. 점점 높아지는 파도를 타고 모두가 함께 성공할 수 있다. 상승하는 파도의 힘을 이용하는 더 많은 사례를 살펴보자.

- 내연기관을 사용하는 자동차 기업들은 전기차의 파도를 탔다. 테슬라가 그 파도를 일으켰고 다른 기업들도 이익을 얻었다.
- 줌은 2020년 팬데믹이 발생했을 때 원격 근무의 파도를 일으켰다. 디지털 통신 수요가 거대한 쓰나미처럼 덮쳤다.
- 쇼피파이는 소매업의 디지털화로 이익을 얻었다. 예전처럼 직접 쇼핑하러 가는 것이 어려워지자, 소매업체들은 온라인 상점에 대한 거대한 수요를 일으켰고 그 파도를 쇼피파이가 이용했다.

분명히 알아야 할 게 있다. 리마커블함에 이를 때의 가장 큰 이점은 가장 먼저 곡선을 뛰어넘고 파도를 일으키는 것이지만,

이미 솟아오르기 시작하는 파도를 덩달아 타더라도 리마커블함에 이를 수 있다. 이것을 실리콘밸리에서는 '재빠른 2등fast second'이라고 한다. 혁신의 이점과 스릴을 즐길 수 있으나 위험은 덜 따른다.

직접 체험하라

- 고객의 니즈를 이해하는 방법을 배우고 싶다.
- 개발 프로세스를 최적화하고 싶다.
- 공감의 결과로 연민을 선택하고 활용하고자 한다.

토요타는 현지현물現地現物의 원칙을 중요시한다. 공장과 자동차 판매점, 자동차를 이용하는 고객들의 삶에서 일어나는 일을 전부 직접 현장에서 확인해야 한다는 뜻이다.

이 과정은 사람들의 경험을 직접 확인하고 통찰을 얻음으로써 그들의 삶을 개선하는 데 도움을 준다. 예를 들어, 토요타는 갓난쟁이와 유아차, 애완견, 큰아이들이 있는 가정을 살펴본 덕분에 미니밴 디자인을 선보일 수 있었다.

현장에 가서 보는 것보다 더 좋은 것은 체험 학습이다. 직접해 보거나 참여하는 것이야말로 훌륭한 학습 방법이다. 이탈리아의 제약회사 키에시Chiesi Farmaceutici는 노르웨이의 심리학자이자 기업 임원인 마틴 린드스트롬에게 '고객과 더 가까워'지도록 도와 달라고 했다.

보통 그 방법에는 포커스 그룹과 설문 조사가 포함된다. 하지만 마틴은 임원들을 한곳에 모아놓고 빨대로 숨을 쉬게 했다.

제약회사 키에시의 직원들에게 빨대를 통해 숨 쉬어 보는 것의 교훈을 이야기하는 마틴 린드스트롬. 이것은 직원들에게 천식 환자로 살아가는 것이 어떤 느낌인지 일깨워 주는 강력한 방법이었다.

©Martin Lindstrom

대부분 몇 분 이상 숨 쉬는 것을 대단히 힘들어했다.

마틴은 그 과제가 끝난 후 임원들에게 물었다. 이제 천식이 있는 사람들을 이해할 수 있겠느냐고. 임원들은 천식 환자들을 직접 확인해 본 적도, 스스로 천식 환자가 되어 생각해 본 적도 없었다. 그런 그들이 천식을 직접 체험한 것이었다.

'직접 체험'의 사례가 또 있다. 교수이자 동물행동학자, 시각적 사고자인 템플 그랜딘은 애리조나주립대학교 대학원생일 때 가축을 이동시키는 활송 장치에서 소들이 제대로 이동하지 않고 머뭇거리는 이유를 알아냈다. 축사 일꾼들은 그저 움직이려 하지 않는 소들을 쿡 찌르고 밀치고 소리를 지르는 방법에 의존하고 있었다.

하지만 그녀는 스스로 활송 장치로 들어가 소가 '되었다'. 그 안에서 그녀는 그림자와 빛줄기, 방해 요인을 직접 보았고 소들이 머뭇거리는 이유를 이해할 수 있었다.

'가서 직접 보기'와 '체험하기'는 다른 사람들(또는 동물들)이 느끼는 것을 그대로 느끼는 능력을 키워 준다. 아주 좋은 연습이다. 하지만 리마커블해지기 위해서는 공감에서 그치지 않고 행동으로 나아가야 한다. 누군가의 고통을 덜어 주고 싶은 마음을 연민이라고 한다.

예를 들어, 이제 천식 환자들이 숨쉬기가 얼마나 힘든지 알게 되었다면 정말 잘된 일이지만, 그 문제에 대해 당신은 무엇을 할 것인가? 공감은 본능적인 반응이고 연민은 의식적인 행동이다.

《대담하게 중요해져라: 나도 세상을 바꿀 수 있다Dare to Matter: Your Path to Making a Difference》의 저자 조던 카살로의 말을 인용하자면 다음과 같다. "공감은 우리를 지치게 할 수 있지만 연민은 우리에게 양분을 공급한다. 연민은 그 어떤 대가를 치르지 않아도 된다. 우리가 세상에 많이 기여할수록 연민은 커질 것이다." 리마커블함으로 가는 세 가지 길은 직접 보기, 직접 체험하기, 행동하기다.

올바른 일을 하라

- 올바른 일을 하는 것이 변화로 가는 길인지 궁금하다.
- 올바른 일의 현대적인 사례를 찾고 있다.
- 올바른 일을 하는 데 드는 비용에 대한 통찰을 얻고 싶다.

테라노스에 대한 진실이 밝혀지기 전, 클린턴 글로벌 이니셔티브 총회에서 빌 클린턴과 엘리자베스 홈스.
©Taylor Hill/Getty Images

개인적으로 큰 위험과 비용, 희생을 감수하고 무언가를 행동에 옮기는 것도 리마커블함으로 이어질 수 있다. 예를 들어, 타일러 슐츠는 엘리자베스 홈스와 서니 발와니를 고발했다. 결국 테라노스의 그 두 사람은 투자자와 고객에게 사기를 친 혐의로 유죄판결을 받았다.

슐츠는 테라노스 제품의 실제 효과가 홍보 내용과 완전히 다른데도 홈스와 발와니가 계속 홍보하는 것을 보고 〈월스트리트

저널〉과 의료 규제 기관에 이를 알렸다.

　그 선택으로 인해 그는 2년이라는 시간과 75만 달러의 변호사 비용, 테라노스 이사이자 전 미국 국무부 장관인 할아버지 조지 슐츠와의 관계를 잃었다.

　과연 그는 또다시 똑같은 상황이 와도 똑같은 선택을 할까? 그가 나에게 해 준 말은 다음과 같다.

　홍미로운 질문이네요. 그 사건 직후 그리고 일이 한창 벌어지고 있었던 스물여섯 살 때, 사람들이 그 질문을 하기 시작했어요. 제 대답은 "절대로 똑같은 선택을 하지 않을 것이다. 전혀 가치가 없는 일이었다"였죠.

　하지만 점점 시간이 지나니 그 선택이 가져온 긍정적인 결과들이 조금씩 보이기 시작하더군요. 지금은 개인적인 위협도 완전히 사라졌고 끔찍할 정도로 부정적인 경험을 긍정적인 경험으로 바꿀 수 있게 되었습니다.

　지금 저는 수많은 대학에서 강의하고 콘퍼런스에서 강연도 합니다. 그런 행사에서 얻는 게 정말 많아요. 강연이 끝나면 사람들이 제게 이렇게 말합니다. "저도 비슷한 상황이었는데 당신 이야기에서 용기를 얻어 올바른 선택을 할 수 있었습니다"라고요. 사람들의 이야기가 제게는 정말 큰 의미가 있습니다.

올바른 선택은 절대로 간단하지도 않을뿐더러 가장 실용적이지도 않은 선택일 때가 많다. 하지만 변화를 만드는 것은 기나긴 터널의 끝에서 비치는 한 줄기 빛일 수 있다. 마음의 나침반에 주의를 기울이고 부정과 사기 행위를 고발하되 그 선택에 개인적인 위험이 따른다는 것도 명심해야 한다.

나를 바꿔라

- 시련과 장애물 속에서도 인생을 바꾸는 방법을 알고 싶다.
- 장애물을 극복하는 것이 절대로 불가능하지 않다는 것을 사람들에게 보여 주고 싶다.
- 시작점보다 도착점이 더 중요하다고 생각한다.

자신의 인생을 바꾸는 것도 변화와 리마커블함으로 가는 길이다. 갓난아기였던 1975년에 미국 국경을 넘어 밀입국한 마사 니뇨도 그런 사람이다.

마사의 가족은 (인구 300명의) 멕시코 자카테카스주 푸에블로 비에요에서 더 나은 삶을 찾아 미국에 왔다. 캘리포니아주에 정착한 그들은 원룸에 살면서 수많은 일자리를 전전했다. 마사는 학교에 다니면서 가족을 부양하기 위해 아르바이트도 했다. 다행히 학교의 상담 교사가 일과 학교 공부의 균형을 잡도록 도와준 덕분에 제때 학교를 졸업할 수 있었다.

마사는 창고, 가구 제조업체에서 일했고 나중에는 크리에이티브 랩, 핸드스프링 같은 테크 회사에서 일했다. 그녀는 대학

캘리포니아 프레몬트에 있는 닐스 벼룩시장에서 마사 니뇨와 그녀의 어머니 토마사 콜로아.

©Raul Ceja

학위가 있는 동료들이 직장에서 승진하는 것을 보고 피닉스대학교에서 학위를 취득했다. 2003년에 대학을 졸업하고 그래픽 소프트웨어 회사 어도비에 비정규직으로 입사했다.

2023년에 이르러 그녀는 어도비의 리더이자 《아더 사이드: 판잣집에서 실리콘밸리까지The Other Side: From a Shack to Silicon Valley》라는 책을 쓴 작가가 되어 있었다. 다양성과 포용성 분야의 사회운동가로도 활발하게 활동했다. 얼마나 놀라운 성공 스토리인가! 그녀는 어도비의 첫 학생 참여 커뮤니티 리더였다.

불법 이민자에서 테크 기업 임원이 된 마사의 인생은 개인의 인생 변화를 잘 보여 준다. 그녀의 변화에는 부모의 희생과 끈기, 멘토의 조언, 스스로의 노력, 효과적인 이민법, 그리고 행운이 필요했다. 핵심은 우리가 얼마든지 인생을 180도 바꿀 수 있다는 것이다.

단순한 질문을 던져라

- 일반적인 통념에 의문을 던지는 것이 현명한 일인지 알고 싶다.
- 기본적인 것에서 출발해 보편적인 문제에 대한 간단한 해결책을 만

들고자 한다.

- 순수함과 단순함에서 많은 통찰이 나올 수 있음을 확인하고 싶다.

리마커블한 사람들은 세상을 파괴하거나 지배하겠다는 거창한 계획으로 시작하지 않는다. 그들은 시간이 지남에 따라 변화라는 결과물을 가져다주는 작고 단순한 질문으로 시작한다.

- "좀 이상한데?": 화이자의 과학자들은 그들이 개발한 심장 질환 치료제가 남성들의 발기 문제를 개선해 준다는 사실을 알아차렸다.
- "더 좋은 방법이 있을까?": 에드윈 랜드는 딸에게 카메라로 찍은 사진을 보려면 왜 기다려야만 하느냐는 질문을 받았다. 그 후 랜드는 즉석카메라 회사인 폴라로이드를 설립했다.
- "왜 아무도 시도하지 않았지?": 세일즈포스는 다음의 간단한 질문에 답하는 기업이다. "소프트웨어 업데이트는 왜 각각의 장소에서 수동으로 설치해야만 할까?"

사실 화이자와 폴라로이드, 세일즈포스에서 정확하게 이런 질문을 했는지는 모른다. 하지만 이렇게 단순한 질문은 다음의 세 가지 효과를 가져다준다.

- 현재 상태의 공백과 결함을 나타내는 가정을 찾는다.
- 넓은 범위의 호기심과 협업을 장려한다.
- 복잡한 문제를 단순화하여 사람들이 문제를 바라보는 방식을 새롭게 프레이밍한다.

단순하고 효과적인 질문은 다음 조건을 충족한다.

- 조롱이나 처벌을 두려워하지 않고 자유롭게 파격적인 질문을 하고 다양한 반응을 보일 수 있어야 한다.
- 순수한 호기심으로 출발해 더 깊이 파고들어 조사함으로써 이해와 지식을 얻고자 하는 마음에서 나온 질문이어야 한다.
- 나올 수 있는 반응을 모두 수용하는 한편, 기꺼이 귀 기울이고 배우고 예상치 못한 방법으로 적응하려는 의지가 있어야 한다.

'모두가 아는 사실'이라는 이유만으로 진실로 받아들이면 안 된다. 영장류학자들은 침팬지들이 제한적인 사회적 상호작용을 하는 채식주의자인 줄 '알았고' 도구를 만들고 사용하는 지능을 가진 건 인간뿐이라고 믿었다.

사실인 듯했다. 제인 구달이 나이지리아 곰베에 가서 침팬지들이 고기를 먹고 싸우고 도구를 사용하는 것을 목격하기 전까지는 말이다. "침팬지들이 사회적인 존재가 아니란 걸 어떻게 아는가?" 그녀는 전문가들에게 단순한 질문을 던졌다.

성경에도 "어린아이들과 젖먹이들의 입으로 권능을 세우심이여(시편 8:2)"라는 말이 나온다. 간교한 속임수가 없는 순수함과 단순함 또는 솔직함에서 나오는 질문은 더 나은 세상을 만드는 생각들이 파묻힌 풍부한 금맥과도 같다.

하위 범주를 만들어라

- 적은 비용으로 마케팅이 가능한 틈새시장을 발견하길 원한다.
- 경쟁업체를 자신에게 유리한 쪽으로 포지셔닝하는 방법을 알고 싶다.
- 깊게 가는 전략과 넓게 가는 전략 사이에서 고민하고 있다.

브랜딩의 대가 데이비드 아커에 따르면 완전히 새로운 범주를 만드는 것은 너무 어렵고 시간이 오래 걸린다. 이때 기존 범주의 하위 범주를 만드는 것만으로 충분하다. 예를 살펴보자.

범주	하위 범주	사례
자동차	전기	테슬라
카메라	액션	고프로
태블릿	E-리더	킨들

다음은 하위 범주를 만드는 데 집중해야 하는 이유다.

- 소비자들의 기본적인 이해가 있으므로 기존의 범주 안에서 틈새시장을 만드는 것이 더 저렴하다. 킨들을 완전히 새로운 시장이 아니라 태블릿의 하위 범주인 전자책 단말기로 설명하는 편이 더 쉽다.
- 고유한 니즈와 필요조건을 가진 집단을 겨냥할 수 있다. 그러면 다른 소비자 계층은 제쳐두고 특정 계층에만 초점을 맞출 수 있다. 예를 들어, 고프로는 윙슈트 결혼식이 유행하지 않는 한, 웨딩 사진작가들의 니즈를 고려할 필요가 없다.
- 경쟁업체를 새롭게 정의하고 새롭게 포지셔닝할 수 있다. 예를 들어, 전기차 기업은 내연기관을 사용하는 경쟁업체들에 환경에 무관심한 브랜드라는 꼬리표를 붙일 수 있다.
- 규모가 큰 시장에서는 경쟁업체들을 막을 수 없지만 하위 범주를

만들면 경쟁에서 자유롭다. 소니나 캐논, 라이카, 니콘이 액션 카메라를 만드는가? 그들은 고프로를 방해하지 않는다.

새로운 범주를 만드는 것은 리마커블한 성취가 분명하지만 새로운 범주는 매우 드물다. 그렇게 기념비적인 노력을 하지 않고도 변화를 일으킬 수 있다. 큰 연못의 큰 물고기가 된다고 상상하라. 하위 범주에서 출발하면 가능하다.

가치와 고유함을 추구하라

- 제품이나 서비스를 차별화하는 프레임워크가 필요하다.
- 경쟁 환경을 평가하는 방법을 찾고 있다.
- 마케팅에서 어떤 메시지에 집중해야 하는지 고민이다.

아이디어의 실행 가능성을 테스트하는 좋은 방법이 있다. 가치와 고유함을 둘 다 갖추었는지 살펴보면 된다. 고유함은 소비자들이 다른 기업에서는 구할 수 없다는 뜻이다. 가치는 구매할 가치가 있다는 것을 의미한다.

	고유하지 않음	고유함
가치 있음	잔혹한 가격 경쟁	리마커블!
가치 없음	완전한 실패작	문제의 해결책을 아직 찾는 중

고유하지 않으면 경쟁업체들 사이에서 두드러질 수 없다. 그리고 가치가 없으면 애초에 도전할 이유 자체가 있을까?

리복의 창시자 조 포스터는 '여백whitespace'이라는 표현을 사용한다. 그에 따르면 리복은 '러닝 슈즈 제조사로 미국에 진출' 했다. 그런데 앙헬 마르티네스라는 직원이 우연히 아내가 여럿

리복은 1982년 리복 프리스타일 모델을 출시해 '가치와 고유함'을 모두 얻었다. 덕분에 리복은 주류 운동복 시장에 진입할 수 있었다.

©ReebokUSA/Wikimedia Commons

이 모여 '음악에 맞춰 운동하는' 수업을 좋아한다는 사실을 알게 되었다.

앙헬은 직접 그 수업을 보러 갔다. 강사와 학생 절반이 스니커즈를 신었고 나머지는 신발을 아예 신고 있지 않았다. 그 모습을 본 앙헬은 여성을 위한 에어로빅 슈즈 아이디어를 떠올렸다. 샘플로 제작한 200켤레는 곧바로 매진되었다.

앙헬은 리복이 고유하고 가치 있는 제품을 개발하도록 도왔다. 여성들이 에어로빅할 때 신는 신발을 만드는 회사가 하나도 없었기에 리복은 돈이 되는 여백을 채울 수 있었다. 유명 배우 제인 폰다가 에어로빅 슈즈를 신은 후 리복은 900만 달러에서 9억 달러의 기업으로 폭발적인 성장을 했다. 다음은 첨단 기술 분야의 고유하고 가치 있는 제품의 사례다.

아이팟	인간이 쉽게 이해할 수 있는 사용자 인터페이스를 활용한, 수천 곡의 노래를 저장할 수 있는 유일한 장치
넷플릭스	차를 몰고 비디오 대여점을 찾지 않아도 다양한 영화를 볼 수 있는 유일한 방법
웨이즈	실시간 교통 상황 정보를 제공하고 이동 경로를 최적화해 주는 유일한 GPS 시스템

제품이나 서비스가 고유하고 가치 있으면 마케팅, 판매, 자금 모금, 인재 채용의 모든 문제가 한결 쉬워진다. 가치와 고유함은 성배이자 약속된 혁신의 땅이다. 이 두 가지 특징을 모두 갖춘 제품과 서비스를 만들기 위해 최선을 다해야 한다.

참고하면 좋은 자료

토니 파델, 《빌드: 만들 가치가 있는 것들을 만드는 것에 관한 특별한 안내서(BUILD: An Unorthodox Guide to Making Things Worth Making)》.

템플 그랜딘, 《템플 그랜딘의 비주얼》.

마사 니뇨, 《아더 사이드: 판잣집에서 실리콘밸리까지》.

스티븐 핑커, 《지금 다시 계몽》.

릭 루빈, 《창조적 행위》.

폴 반 도렌, 《진정성: 반스 창업자의 회고록(Authentic: A Memoir by the Founder of Vans)》.

5장

–

유레카를 넘어서라

훌륭한 아이디어가 떠오른
기쁜 유레카의 순간이 지나가자마자
우리는 불확실한 영역에 들어섰다는 것을 깨닫는다.

매릴린 델부르-델피스

목표를 공식화하라

- 목표를 공식화하는 것이 가치 있는 일인지 궁금하다.
- 변화의 가장 어려운 측면이 아이디어를 떠올리는 것인지, 실행하는 것인지 궁금하다.
- 아이디어 실행의 효율성과 효과를 극대화하고자 한다.

'유레카Eureka'는 '나는 찾았다'라는 뜻이다. 보통 문제를 풀거나 중대한 발견을 했을 때의 흥분과 승리의 감정을 표현할 때 사용된다. 그런데 이 단어를 너무 일찍 사용하는 사람들이 많다. 마치 아이디어를 떠올리는 것이 가장 어려운 부분이라도 되는 것처럼 말이다. 하지만 현실적으로 아이디어를 떠올리는 것은 쉽다. 어려운 것은 아이디어의 실행이다.

예를 들어 보겠다. "유레카! 쓰레기통과 폴더, 아이콘 같은 현실의 이미지를 사용하는 거야. 그러면 사람들이 컴퓨터를 사용하는 법을 쉽게 이해할 수 있을 거야." 이는 물론 멋진 아이디어이지만 컴퓨터를 디자인하고 대량으로 생산해 사람들이 사게 만드는 일이 남았다.

목표를 적음으로써 공식화하면 유레카를 지나서 성과를 달성하는 데 도움이 된다. 빅 웨이브를 타는 서핑 친구 개릿 맥나마라는 사람들이 뭘 잘못하고 있는지 지적한다.

보통은 그냥 아무 생각 없이 하루를 보내죠. 다들 비전이나 꿈, 희망, 기대가 있어도 종이에 적는 경우는 드물잖아요. 그것들을 어떻게 이룰지 로드맵을 만드는 일은 거의 없죠.

그래서 하루 동안 정처 없이 헤맵니다. 그냥 흘러가는 대로 살죠. 물론 다음 날이나 다음 주, 심지어 다음 달 계획을 세우기도 합니다. 하지만 보통 하루를 계획하는 정도에 불과해요.

그게 아니라 큰 그림을 계획해야 합니다. 어떻게 하면 훌륭한 인간이 될 수 있을까? 어떻게 하면 사회에 이바지할 수 있을까?

어떻게 하면 가족들을 먹여 살리고 내가 좋아하는 일도 할까?

개릿은 우리가 이렇게 해야 한다고 말한다.

큰 목표를 세우고 매일 그 목표에 집중하세요. 로드맵을 매일 보면 목적이 있는 삶을 살게 됩니다. 자신이 무엇을 하고 있는지, 왜 하는지 알게 되죠. 어떻게 하면 더 잘할 수 있는지도 알죠.

목표를 적고 공식화하면 목표를 발전시키고 주의 깊게 분석할 수밖에 없게 된다. 목표가 머릿속에서 종이로, 또는 컴퓨터 화면으로 옮겨지는 것을 보면 사실적으로 느껴져서 목표의 가치가 올라가고 반드시 이루겠다는 의지도 커진다.

내년에 이루고 싶은 가장 중요한 목표 세 가지를 아래에 적어 보자. 그리고 1년 후에 다시 이 페이지를 확인한다. 모쪼록 그때 당신의 꿈이 한창 쌓아져 가는 중이기를 바란다.

1. _____

2. _____

3. _____

개념을 증명하라

- 무언가를 상상하는 것에서 창조하는 것으로 발전하고 싶다.
- '개념 증명'이 무엇인지 알고 싶다.
- 사람들에게 당신의 아이디어를 이해시킬 방법이 필요하다.

교육의 대가 켄 로빈슨은 개념 증명 proof of concept을 '상상에서 창조로의 전환'이라고 표현한다. 그의 TED 강연 '학교가 창의성을 죽이는가? Do Schools Kill Creativity'는 조회수 6000만 이상을 기록했고 엘리자베스 2세 여왕은 그의 업적을 인정해 기사 작위를 수여했다. 그는 개념 증명의 과정을 이렇게 설명한다.

상상력은 모두가 가진 능력입니다. 인간은 자신의 감각에 제시되지 않은 것들을 떠올리는 상상력을 세상에 태어날 때부터 가지고 있죠. 지금 여기를 초월해 미래를 예측하고 과거를 돌아보고 밖으로 나가려면 이렇게 물으세요. "만약 ~한다면?"
상상력은 단 하나의 힘이 아닙니다. 상상력은 우리가 가진 여러 가지 힘을 섞어 놓은 것이죠. 하지만 존재하지 않는 것을 떠올리는 능력이 상상력의 뿌리입니다. 창의력은 거기서 한 걸음

더 나아갑니다. 상상력을 작동시켜서 특정한 방식으로 적용하는 것이 창의력이죠.

이 장의 나머지 부분에서는 불확실성의 영역에서 개념을 구체적인 것으로 바꾸는 방법을 설명할 것이다. 어렵고 벅차고 때로는 우울한 과정이기도 하지만 변화를 만들고 리마커블해지기 위해서는 반드시 거쳐야 한다.

첫 번째 단계는 개념 증명을 만드는 것이다. 개념 증명은 다른 사람들이 당신의 아이디어를 만지고 느끼고 상호작용 할 수 있게 하는 프로토 타입 또는 목업을 가리킨다. 아무리 재능 있는 이야기꾼이라도 남들에게 아이디어를 시각화하기는 쉽지 않다. 개념 증명은 산업이나 시장마다 다를 수 있다.

내가 들은 가장 위험한 개념 증명의 주인공은 크리스 버티시다. 그는 최초로 혼자 스탠드형 패들 보드로 대서양을 건넌 사람이다. 93일 동안 지원선 없이 혼자 힘으로 버텼다.

그의 개념 증명은 케이프 포인트에서 램버트 베이까지 상어가 들끓는 차갑고 파도가 요동치는 남아프리카의 서해안을 따라 350킬로미터를 혼자 패들 보드로 항해하는 것이 가능하다는 것을 보여 주었다.

2017년 3월 과테말라 안티구아에 도착한 크리스 버티시. 총 93일 동안 약 7402킬로미터를 아무런 도움도 없이 항해해 신기록을 세웠다.

©Brian Overfelt

아래 표는 일반적인 개념 증명의 예다.

실리콘밸리에는 프로토 타입이 슬라이드 1000개의 가치가

업계	개념 증명
생명공학	초기 단계 임상 시험
자동차	콘셉트 카
텔레비전	파일럿 에피소드

있다는 말이 있다. 유레카를 넘어서려면 개념 증명을 이용해 개념을 실체로 바꾸는 것보다 강력하고 유용한 도구는 없다.

멘토를 얻어라

- 당신은 멘토의 중요성에 대해 알고자 한다.
- 멘토를 찾는 데 도움이 필요하다.
- 멘토와의 관계를 최대한 활용하는 방법이 궁금하다.

《더 코드: 실리콘밸리와 미국의 재건The Code: Silicon Valley and the Remaking of America》을 쓴 기술 역사 전문가 마거릿 오마라에 따르면 집 차고에서 시작한 첨단 기술 분야 기업가들의 성공은 멘토들의 덕이 컸다.

내 팟캐스트 게스트들이 '멘토'의 존재를 인정한 사례를 찾아보려고 4000쪽에 달하는 녹취록을 뒤졌다. 사례가 너무 많아서 500쪽쯤에서 멈춰야 했다. 일부 리마커블한 사람들의 멘토를 소개한다.

리마커블한 사람	리마커블한 멘토
자미아 윌슨: 페미니스트 운동가, 책 편집자, 《젊고 재능 있는 흑인(Young, Gifted, and Black)》을 포함한 10권의 책을 쓴 작가.	글로리아 스타이넘: 페미니스트 아이콘이자 저널리스트, 《미즈(Ms.)》지 창간자.
리애나 웬: 의사, 공중보건 전문가, 전 볼티모어 보건과 의료위원.	일라이자 커밍스: 인권 운동가, 하원의원(1996~2019년).
로니 로트: 프로 볼에 10회 출전하고 올 프로에 8회 선정되고 슈퍼볼에서 4회 우승한 미식축구 선수.	짐 브라운: 역대 최고의 러닝백으로 평가받는 전직 프로 미식축구 선수, 배우, 사회운동가.
로이 야마구치: 하와이 퓨전 요리의 선구자, 레스토랑 로이스(Roy's) 설립자.	조지프 아멘돌라: 요리사, 《제빵의 이해: 제빵의 예술과 과학(Understanding Baking: The Art and Science of Baking)》 저자.

이 사실이 알려 주는 메시지는 분명하다. 멘토는 전력 증강자 역할을 한다. 그들은 우리가 기회를 포착하고 실수를 피하고 올바른 길에 머무르도록 도와준다. 찬드리카 탄돈에게 멘토를 얻는 방법을 물어보았다. 그녀라면 당연히 잘 알 것이라 생각했다. 인도 첸나이에서 자라 인도계 미국인 여성으로서는 최초로 맥킨지 앤 컴퍼니의 파트너가 되었고 그래미상 후보에 오른 음악가이자 링컨공연예술센터 이사회 멤버이기도 한 그녀다.

하버드 서점 행사에서 자미아 윌슨과 그녀의 멘토 글로리아 스타이넘. 두 사람은 스타이넘
의 책《길 위의 인생》을 위한 "대화"에 참석했다(2015).
©Dr. Willa Afreda Campbell-Wilson

그녀는 자신이 성공할 수 있었던 것은 멘토들의 공이 크다
고 말한다. 다음은 멘토를 얻는 방법에 대한 그녀의 조언이다.

당신이 그들을 위해 무언가 좋은 일을 했다면 그들은 공개적이
고 적극적으로 당신의 멘토가 되어 주려고 할 거예요. 당신이
먼저 무언가를 보여 주어야만 해요. 제 멘토들은 주로 학교 선
생님들이었습니다. 저는 그 선생님들이 가르치는 수업 시간에

정말 열심히 했어요. 다들 제가 수업 시간에 잘했단 걸 기억해 주셨죠. 저는 정말 훌륭한 학생이었어요. 하지만 성적만 좋았던 게 아니라 학교의 많은 일을 도맡아 했죠. 무작정 다가가 "제 멘토가 되어주세요"라고 한다고 되는 게 아니에요. 내가 먼저 뭔가를 해야 합니다. 의무 이상으로까지 열심히 하세요.

먼저 열심히 노력해서 멘토를 얻는 데 성공했다면 다음의 방법을 통해 멘토와의 관계를 최적화할 수 있다.

볼티모어에서 리애나 웬과 그녀의 멘토 하원의원 일라이자 커밍스(2018). ⓒLeana Wen

- 멘토는 엄격해야 한다. 올바른 방법으로 올바른 일을 하도록 옆에서 격려해 주고 허튼짓할 때는 분명하게 지적해 주는 멘토가 좋다.
- 필요한 것을 분명하게 드러내라. 당신이 멘토에게 원하는 바를 멘토가 추측하게 만들지 마라. 솔직하고 간결하게 필요한 것을 말하라. 이렇게 진지하고 신중한 모습은 멘토에게 긍정적인 반응을 끌어낼 가능성이 크다.
- 멘토의 시간을 낭비하지 마라. 시간은 그 무엇보다 귀중한 자원이다. 멘토를 대할 때는 정신 바짝 차리고 자신이 원하는 도움이 무

짐의 팔순을 축하하는 자리에서 로니 로트와 그의 멘토 짐 브라운(2016).

©Joe Scarnici/Getty Images

엇인지 정확히 알고 있어야 한다. 멘토는 정신과 의사가 아니라는 것을 기억하라.

· 멘토의 피드백에 귀 기울여라. 도움을 얻고 싶다면 그 사람이 틀렸음을 설명하려 하거나 내가 더 잘 안다고 주장하면 안 된다. 다시 한번 말하지만, 멘토의 시간을 낭비하지 마라. 시간은 멘토의 가장 소중한 자원이다.

· 감사를 표현하라. 직접 쓴 편지나 소셜 미디어 게시물 등 간단한 방법을 통해 감사의 마음을 전할 수 있다. 어떤 방법으로든 멘토를 도와줌으로써 마음을 전하는 것도 효과적이다.

로이 야마구치와 그의 멘토 조지프 아멘돌라 ©Roy Yamaguchi

적절한 사람을 찾아 멘토가 되어 달라고 설득하기란 쉽지 않은 일이다. 하지만 모든 리마커블한 사람의 뒤에는 그들의 능력을 한층 끌어 올려 준 멘토가 있다. 먼저 잠재적 멘토에게 깊은 인상을 줄 수 있는 일을 하고 멘토와의 관계를 제대로 활용해야 한다는 사실을 기억하자.

보완책을 찾아라

- 자신의 약점을 알고 강점을 더욱 키우고자 한다.
- '전력 승수'를 발견하는 방법을 찾고 있다.
- 도전을 나누고 극복하는 기술을 배우고 싶다.

2023년 7월, 매디선과 나는 일명 '상어남'이라고 불리는 데이브 에버트와 점심을 함께했다. 그는 희귀하고 잘 알려지지 않은 상어를 연구하고 발견하는 '잃어버린 상어를 찾아서'라는 프로젝트를 진행하고 있는데, 지금까지 60종이 넘는 새로운 상어 종을 발견했다. 이외에도 상어에 관한 다수의 책을 썼고 TV 방송에도 출연한 상어 전문가이다. 데이브는 남아프리카와 스리

랑카를 비롯한 세계 곳곳에서 상어를 연구한 풍성한 이야깃거리로 우리를 즐겁게 했다. 그러던 중 그의 입에서 훌륭한 지혜의 말이 흘러나왔다. 우리는 당연히 그가 이국적인 장소로 가서 배를 빌려 스쿠버 장비를 착용하고 물속에 뛰어들어 상어를 찾으리라 생각했다.

그런데 아니었다. 그는 효율성을 추구하는 사람이었다. 그는 어촌으로 가 어선들의 어획량을 조사한다. "굳이 혼자 물속으로 들어가 상어를 찾을 이유가 없어요. 50~60척이나 되는 배들이 잡은 상어를 볼 수 있는데."

데이브는 상호 보완의 힘을 이용한다. 한 사람의 지식, 시간, 에너지만 필요한 경우는 매우 드물다. 애플의 스티브 잡스에게는 스티브 워즈니악이 필요했다. 캔바의 창업자 멜라니 퍼킨스는 클리프 오브레히트와 캐머런 애덤스가 필요했고 데이브 에버트는 고깃배 선장들이 필요했다.

상어를 잡든, 컴퓨터를 혁신하든, 디자인의 문턱을 낮추는 일이든 당신의 역할을 보완해 줄 사람을 구할 수 있다. 이것은 내가 마크 페이겐과 마이클 젠킨스, 안톤 바렌드가 쓴《공동 CEO가 필요한 때인가? Is It Time to Consider Co-CEOs?》에서 배운 내용이다. 그들은 87개의 상장 기업(수명 주기의 후반기에 놓인 기업들)

14피트(약 4.2미터) 백상아리의 골격을 들고 있는 데이브 에버트(2023). ©Guy Kawasaki

을 조사하고 상호 보완적 관계의 필수 요소를 찾았다.

- 자발적인 참가자들: 양쪽 모두 자발적으로 참여하려는 의지가 있어야 한다.
- 상호 보완적 기술: 서로 중복되지 않은 기술을 갖고 있어야 한다.
- 명확한 책임과 결정권: 양측이 맡은 일이 분명해야만 한다.
- 분쟁 해결의 메커니즘: 문제 해결 절차가 마련되어 있어야 한다.

- 외적인 통일성: 조직 구성원에게 한 팀임을 보여줄 수 있는 외적인 통일성이 필요하다.
- 책임의 완전한 공유: 양측이 실패와 성공에 같은 책임을 져야 한다.
- 이사회 지원: 조직의 이사회가 이 보완적 구조를 지원해야 한다.
- 공유 가치: 조직의 목표와 구성원을 어떻게 다룰지에 대해 양측이 합의해야 한다.
- 출구 전략: 만약을 대비해 상호 보완적 구조를 해체하는 방법을 미리 준비해 놓아야 한다.

나를 보완해 줄 사람을 찾을 때는 자신과는 다른 전문성, 배경, 아이디어를 가진 사람일수록 가치 있다는 사실을 기억해야 한다. 이런 보완적인 관계는 창의성과 의사결정, 문제 해결, 생산성, 직장 환경을 개선할 수 있다. "한 사람보다 두 사람이 낫다"라는 옛말은 두 사람이 서로 다르게 생각할 때만 맞는 말이다.

내 안의 '나이절'을 찾아라

- 당신은 내면의 비판자를 다루는 방법을 찾고 싶다.

- 내면의 비판자를 자기 계발에 활용하고 싶다.
- 성공한 사람들은 내면의 비판자를 어떻게 다루는지 궁금하다.

창의성의 여왕이자 《아티스트 웨이》를 포함해 40권이 넘는 책을 쓴 줄리아 캐머런에게는 상상의 친구이자 내면의 비판자인 나이절이 있다. 줄리아에 따르면 나이절은 영국인 동성애자 인테리어 디자이너이고 그녀가 뭘 해도 마음에 들어 하지 않는다. 줄리아가 말한다.

> 저는 매일 아침 글을 쓰는데 그때마다 나이절은 "네 글은 정말 재미없어"라고 말해요. 그럼 저는 "솔직하게 말해줘서 고마워, 나이절"이라고 말하고 계속 글을 써요. 그러면 당신의 나이절, 당신의 비판자는 미니어처처럼 작아져요. 듣기만 해도 가슴이 철렁 내려앉는 무서운 목소리가 아니라 꼭 만화에 나오는 캐릭터처럼 우스꽝스러운 목소리가 되고요.

우리 마음의 나이절은 꼭 나쁘다고 할 수 없고 항상 나쁜 것도 아니다. 나이절은 당신이 더 나은 결과를 얻도록 동기를 부여할 수 있다. 《오감의 인생 Life in Five Senses》의 저자 그레천 루빈은 이렇게 말한다.

> 내가 나 그레천이 되기 위해서는 나 자신을 받아들이는 동시에
> 자신에게 더 많은 것을 기대해야 해요.

약간 진부하게 느껴질 수 있지만, 내면의 비판자에게 이름을 붙이면 의심이 실체가 되므로 큰 도움이 된다. 그러면 비판자와 나의 관계가 가볍고 유머러스하고 심지어 건설적으로 변할 수 있다. 내면의 비판자에게 이름을 지어주고 대화하라.

루틴을 개발하라

- 아침 루틴을 마련해 중요한 의사결정에 쓸 시간을 절약하고 싶다.
- 새로운 습관을 현재의 생활 방식에 끼워 넣는 방법을 배우고 싶다.
- 긍정적인 감정과 모멘텀을 만들어 주는 루틴을 원한다.

내 팟캐스트 〈리마커블 피플〉에 출연한 줄리아 캐머런을 비롯한 많은 게스트가 루틴의 힘을 극찬했다. 루틴의 목표는 매일

나의 매일 아침 식사: 땅콩버터를 바르고 자른 바나나를 올린 토스트와 커피. 홀 그레인 내추럴 브레드 컴퍼니(Whole Grain Natural Bread Company)에서 나온 아홉 가지 곡물빵과 스키피 슈퍼 청크 땅콩버터를 좋아한다.

©Guy Kawasaki

하루를 규칙적으로 시작하는 것이다.

아침에 무엇을 먼저 할지 계속 바뀌는 것보다 매일 똑같은 일로 하루를 시작하는 게 좋다. 줄리아의 아침 루틴은 의식의 흐름대로 글을 3페이지 쓰는 것이다. 내 루틴은 땅콩버터를 바르고 자른 바나나를 올린 토스트와 커피 한 잔을 먹는 것이다.

루틴의 목표는 하루를 시작하고 중요한 의사결정을 위해 브레인 파워를 아끼는 것이다. 침대를 박차고 일어나 일기를 쓰고 계속 나아가라. 세상은 당신이 집중하기를 원한다. 무슨 옷을 입을지 결정하는 일에 집중하는 것 말고.

스탠퍼드대학교의 행동 디자인 연구소 설립자 BJ 포그 교수는 아침 루틴처럼 좋은 습관을 더 쉽게 만드는 방법을 알려 준다.

명상이든 스쿼트나 팔굽혀펴기든 독서든 여러분이 원하는 습관을 아주 작게 만드세요. 명상은 심호흡 세 번, 스쿼트 2회, 독서는 딱 한 문단 읽기 같은 식으로요. 그렇게 작게 만들어서 기존의 루틴에 끼워 넣으세요.

이렇게 생각해 보세요. "이걸 뭐 다음에 하는 게 자연스러울까? 독서는 내 기존 루틴에서 뭐 다음에 하는 게 가장 자연스럽지? 하루 동안 컴퓨터를 다 사용하고 끈 다음이야. 그때 독서를 하자." 저 같은 경우에는 소변을 본 뒤 팔굽혀펴기를 하는 게 가장 자연스럽다는 것을 알게 되었죠. 그래서 소변을 본 후에 팔굽혀펴기를 두 번 합니다. 이게 바로 습관을 기르는 방법입니다.

두 가지를 명심하면 됩니다. 첫째, 아주 작게 만들 것. 둘째, 외적인 요인을 이용해서 기억하려고 하지 말 것. 이미 습관적으로 하는 일들을 이용해 자연스럽게 기억나게 해야 합니다. 가장 잘 어울리는 곳에 끼워 넣으면 자연스럽게 하게 되죠. 기억할 게 하나 더 있어요. 기존 루틴에 끼워 넣을 때 자동으로 이루어질 수 있는 곳에 넣어야 한다는 겁니다. 긍정적인 감정이 느껴지게 하면 됩니다.

어떤 행동을 하면서 긍정적인 감정을 느끼면 그 행동은 자동으로 연결되기 쉬워요. 습관이 되는 거죠. 작은 습관을 만들 때는 긍정적인 감정이 필수적입니다. 감정을 스스로 조절하세요. 의도적으로 긍정적인 감정을 느끼면 습관이 금방 자리 잡습니다.

자신에게 적합한 구체적이고 실행 가능한 루틴을 찾아라. 세부 사항에 관한 필요조건 따위는 없다. 작게 시작해서 일관적으로 해 나가는 것이 성공의 열쇠다.

나쁜 습관을 끊어 내라

- 과제와 즐거움을 합쳐서 충동을 극복하고자 한다.
- 공개적인 약속이 미루기를 멈추는 데 효과적일지 궁금하다.
- 루틴을 만들고 저항을 줄여 게으름을 물리치고 싶다.

펜실베이니아대학교 경영대학 와튼스쿨의 교수인 케이티

밀크먼은 제2의 로버트 치알디니라고 불린다. (영향력의 대부 치알디니에 대해서는 다음 장에서 자세히 살펴보자.) 그녀의 훌륭한 책 《슈퍼 해빗》은 유레카 다음으로 넘어가지 못하게 가로막는 나쁜 습관을 끊어 내는 방법을 설명한다.

- 충동: 충동을 줄이려면 해야만 하는 일과 좋아하는 일을 합쳐 즉각적 만족으로 주의가 분산되는 것을 막아야 한다. 가령, 운동과 영화 감상을 합칠 수 있다. 누가 운동을 얼마나 많이 했는지를 공개적으로 보여 주는 리더 보드로 게임과 경쟁 요소를 넣는 것도 좋다.

- 미루기: 미루기를 줄이려면 관성을 극복해야 한다. 이를 위한 전략은 다음과 같다. 첫째, 이행하지 않으면 창피함을 느끼도록 주변에 공식적으로 선언한다. 둘째, 다른 선택지를 적극적으로 고르지 않는 한 자동으로 얻게 되는 결과를 현명하게 설정한다. 셋째, 실패하면 정말로 하기 싫은 일을 하도록 자신과 약속한다. 내 경우에는 공화당 전국 위원회에 기부하기다.

- 게으름: 케이티는 게으름과 싸우는 세 가지 방법을 추천한다. 첫째, 연속으로 달성할 수 있는 목표를 세워라. 예를 들자면 이렇다. 하루 최소 1000단어를 연속으로 쓸 수 있는 날이 보수적으로 며칠이나 되는가? 둘째, 규칙적으로 시작하려는 행동을 이미 습관적

으로 하는 행동과 연결한다. 예를 들어, 1000단어를 쓰기 전까지 서핑을 금지한다. 셋째, 최소 저항의 길을 선택한다. 나는 딴짓하지 않고 글쓰기를 시작하기 위해 컴퓨터를 켜면 자동으로 마이크로소프트 워드가 실행되도록 설정해 두었다.

- 자신감 부족: 자신감 부족과 싸우려면 세 단계를 거쳐야 한다. 첫째, 좌절과 실패에 대한 책임을 '면제'해 준다. 둘째, 장애물이 있어도 변화와 발전이 가능함을 기억한다. 셋째, 다른 사람을 도우면 자신의 발전에도 가속도가 붙으므로 누군가의 멘토가 되거나 지원한다.

- 동조: 우리가 주변 사람들의 영향을 받을 때 순응의 위력이 발휘된다. 성공한 사람들과 가까이하면 나도 성공할 가능성이 더 커진다. 마찬가지로 성공하지 못한 사람들과 가까이하면 성공하지 못할 가능성이 더 커진다. 친구를 신중하게 사귀자.

이 방법들이 하루아침에 리마커블한 사람으로 변신시켜 주진 않겠지만 뭐든지 꾸준히 하는 사람이 이긴다. 매일 조금씩 나아지면 나중에는 아주 만족스러운 결과가 나올 것이다.

균형은 잊고 이키가이를 생각하라

- 관심사와 기술, 돈벌이가 만나는 직업을 찾고 싶다.
- 세상을 바꾸려고 노력하는 동안 삶과 일의 균형은 어떻게 해야 하는
  지 궁금하다.
- 강력한 동기를 부여하는 삶의 목적을 발견할 때까지 관심사를 계속
  탐구하고 싶다.

일과 개인을 위한 시간, 가족과의 시간이 모두 균형 잡힌 삶
을 원한다면, 성공한 대기업에서 일하며 절대 해고당하는 일이
없기를 바라야 할 것이다. 하지만 리마커블함을 원하고 세상을
바꾸고 싶다면 꽤 오랫동안 고생과 희생이 따르는 불균형한 삶
을 살아야 할 수도 있다.

하지만 자신의 이키가이를 찾으면 '균형 잡힌' 삶을 고민할
필요조차 없다. 일본어로 이키가이いきがい는 삶의 목적 또는 삶
의 원동력이라고 할 수 있다. 이키는 삶이고 가이는 가치를 뜻
한다.

《이키가이》의 저자 엑토르 가르시아에 따르면 가장 완벽한
이키가이는 자신이 좋아하는 일과 잘하는 일, 돈을 벌 수 있는

로그 리버 중고등학교에서 학생들을 가르치는 켈리 깁슨.

©Kelly Gibson

일의 교차점이다. 하지만 세상에 완벽한 건 없으므로 새로운 정의를 제안하고자 한다. 이키가이는 자신이 좋아하는 일과 개선을 위해 열심히 노력하는 일, 돈을 받지 않고도 기꺼이 하고 싶은 일의 교차점이다.

이 정의에 따르면 글쓰기와 팟캐스트는 내 두 가지 '이키가이'다. 가르치는 것, 프로그래밍, 사진, 충치 치료, 영화 제작, 빈티지 가구 복원, 바다의 플라스틱 쓰레기 치우기, 사무라이 검 만들기 등 무엇이라도 이키가이가 될 수 있다.

팟캐스트 출연자 중 내가 가장 좋아하는 켈리 깁슨의 이키 가이는 오리건주 로그 리버(인구 2400명의)에서 학생들을 가르치는 일이다.

결국 제 인생의 목적은 오래전부터 분명했던 것 같아요. 항상 이거였거든요. "세상을 조금이라도 나은 곳으로 만들고 싶다. 내가 시간과 에너지를 쏟음으로써 학생들의 삶이 더 나아지게 만들고 싶다."

자기 일을 이런 식으로 말할 수 있다면 이키가이를 찾은 것이다. 아직이더라도 곧 찾을 수 있기를 바란다. 하지만 찾지 못한다고 해도 절망할 필요는 없다. 내가 이키가이를 찾지 않아도 이키가이가 나를 찾아와 시간이 갈수록 성장하기도 한다.

고역을 즐겨라

- 모두가 회피하는 고역을 견디더라도 사랑하는 일을 찾고 싶다.
- 남들과 달리 희생도 불사하려는 마음이 내 경쟁 우위인지 궁금하다.

• 그릿으로 힘든 일을 견딘다면 이키가이를 찾을 수 있다고 믿는다.

《신경 끄기의 기술》을 쓴 마크 맨슨은 이키가이가 맞는지 확인하는 현실적인 방법을 알려 준다. 남들은 다 꺼리는 힘든 일을 즐기면서 한다면 그게 바로 당신의 이키가이다.

대부분 사람이 고역이라고 고개를 내둘러도 나만은 그 일이 즐거운 것이다. 가령 글쓰기는 수없이 고치고 다시 써야만 하는 고역이다. 나는 책 한 권을 쓸 때마다 수백 시간을 그 고역에 쏟았다. 마크의 고역 찬양을 한번 들어 보자. 알고 보니 그는 나와 똑같은 고역을 즐긴다!

한 문단을 일곱 번이나 다시 쓰는 게 전 미치도록 즐거워요. 물론 대부분은 그렇지 않죠. 그래서 저는 작가인 거고 그 사람들은 작가가 아닌 거예요. 반면 스프레드시트를 미치게 좋아하는 사람들이 있죠. 그게 그들이 회계사나 데이터 분석가인 이유죠. 남들과 달리 내가 어떤 희생을 즐기는가를 생각해 보세요. … 그게 바로 당신의 경쟁 우위입니다.

언젠가 이렇게 묻는 날이 오기를 바란다. "친구들은 다 고역이라고 꺼리는 이 일을 나는 왜 좋아하는 걸까?" 아니면 누군가가 감탄하며 당신에게 이렇게 묻기를. "도대체 그런 고역을 왜 자처하는 거야?" 그날이 당신의 이키가이가 모습을 드러내는 날이다. 당신의 그릿이 고역을 즐겁게 치러 낸다. 칭찬이다.

토 달지 말고 그냥 따르라

- 일상적인 과제에 대한 실용적인 법칙을 원한다.
- 모든 과제를 최적화할 시간이나 에너지가 없다.
- 목록과 간단한 설명을 선호한다.

다음은 전문적인 커리어의 일반적인 업무에 숙달하기 위한 나만의 팁이다. 너무 당연한 내용이라고 무시하지 마라. 기본을 잘 해내야 성공 가능성이 커지고 자신감도 높아진다.

소셜 미디어
- 긍정적인 태도로 임하거나 침묵하라.
- 모든 플랫폼의 모든 게시물을 모든 사람이 본다고 생각하라.

- 사람들의 마음을 바꾸려고 하지 마라.

링크드인

- 프로필을 반드시 끝까지 작성하라. 링크드인 프로필이 없으면 세상에 존재하지 않는 것이나 마찬가지다.
- 뭔가를 팔려고 하지 마라.
- '새로운 기회를 찾고 있다'라는 사실을 절대 드러내지 마라.

온라인 회의

- 외장 카메라와 외장 마이크를 사용하라.
- 카메라를 눈높이 위에 둔다.
- 조명을 앞에 놓는다.

이메일

- 최대 다섯 단어로 이루어진 흥미로운 제목을 사용한다.
- 다음 순서로 다섯 개 이하의 문장을 사용한다. 무엇을 원하는가, 내가 누구인가, 수신자가 동의해야 하는 이유, 언제까지 필요한가, 다음 단계는 무엇인가.
- 이름, 회사명, 이메일 주소, 핸드폰 번호가 들어간 서명을 넣는다.

연설

- 무대에 올라가기 전에 청중석을 한 번 빙 돈다.

- 뭔가를 팔려고 하지 말고 청중을 교육하라.

- 20분 동안 폰트 크기 최소 30pt로 된 슬라이드 10장을 사용하라.

피칭

- 처음 2분 동안은 당신이 하는 일을 설명하라.

- 시연과 이야기를 합쳐라.

- 20분 동안 폰트 크기 최소 30pt로 된 슬라이드 10장을 사용하라.

대면 회의

- 손으로 직접 메모하라.

- 상대방의 말을 똑같이 반복해 제대로 들었는지 확인한다.

- 36시간 내로 후속 조치한다.

제품 시연

- '무엇'이 아니라 '어떻게'를 보여 준다.

- 강요하지 말고 유혹하라.

- 인터넷 연결 의존도를 줄이거나 아예 없앤다.

상사 관리

- 상사를 띄워 준다.
- 없어서는 안 될 존재가 되어라.
- 문제와 질문이 아닌 해결책을 가져가라.

부하 직원 관리

- 일을 훌륭하게 해낼 수 있도록 권한을 부여하라.
- 방해하지 마라.
- 내가 하기 싫은 일은 부하 직원에게도 시키지 마라.

글쓰기

- 매일 한 장씩 써라.
- 적극적인 어조를 사용한다.
- 형용사, 부사 말고 이야기, 직유, 은유를 사용하라.

끊임없이 변화하는 세상에서 신속하고 똑똑하게 대응하는 능력은 매우 큰 힘이 있다. 내 경험으로부터도 나온 값진 지혜이니 당신을 효과적이고 효율적인 길로 이끌어 줄 것이라고 믿어라. 토 달지 말고 그냥 따르라!

결정을 올바르게 하라

- 완벽한 결정을 해야 한다는 생각에 고민이 많다.
- 의사결정이 어렵고 실행은 쉽다고 생각한다.
- 완벽한 결정 같은 건 없다는 걸 알고 있다.

2023년 8월 하버드의 심리학 교수 엘렌 랭어 교수를 인터뷰했다. 그녀는 《노화를 늦추는 보고서 The Mindful Body》를 비롯해 아홉 권의 책을 썼고 '마음 챙김의 어머니'라고 불린다. 90분 동안 이어진 대화의 중간에 그녀가 말해 준 보석 같은 말은 내 마인드셋에 지대한 영향을 끼쳤다.

보통 우리는 의사결정이 이런 식으로 이루어져야 한다고 생각합니다. 앞으로 무슨 일이 일어날지, 여러 상황에 대한 좋고 나쁜 결과를 우리가 알고 그것을 어떤 복잡한 방법으로 다 합친 다음에 그 비용편익분석의 결과대로 하면 된다고 말이에요. 하지만 틀렸어요! 그렇게 하는 사람은 아무도 없어요. 말 자체가 되지 않아요. 그렇다면 결론은 뭘까요? 어차피 우리는 올바른 결정을 내릴 수 없으니 결정을 올바로 해야 한다는 거죠.

신중하게 결정을 내려야 하지만 우리가 예상하거나 예상하지 못한 변수가 많으므로 '완벽한' 결정은 환상에 불과하다. 그러니 할 수 있는 최선을 다해 결정을 올바르게 내리는 데 집중해야 한다. 그다음에는 미련을 가지지 마라. 리마커블한 사람들은 일을 끝낸다. 뒤돌아 이러쿵저러쿵 자신을 비판하지 않는다.

참고하면 좋은 자료

줄리아 캐머런, 《아티스트 웨이》.
매릴린 델부르-델피스, 《유레카를 넘어서: 혁신의 험난한 길(Beyond Eureka! The Rocky Roads to Innovating)》.
앤절라 더크워스, 《그릿》.
BJ 포그, 《습관의 디테일》.
엑토르 가르시아, 《이키가이: 일본인들 행복하게 오래 사는 비결(Ikigai: The Japanese Secret to a Long and Happy Life)》.
마크 맨슨, 《신경 끄기의 기술》.
케이티 밀크먼, 《슈퍼 해빗》.
마거릿 오마라, 《더 코드: 실리콘밸리와 미국의 재건》.
릭 루빈, 《창조적 행위》.
브렌다 유렌드, 《글을 쓰고 싶다면》.

6장

-

꿈을 팔아라

혼자 꾸는 꿈은 꿈일 뿐이다.
함께 꾸는 꿈은 현실이다.

존 레넌

문에 발을 들여놓아라

- 세일즈 프로세스를 더 깊게 이해하고 싶다.

- 세일즈 피치의 목적에 대한 명확성이 필요하다.

- 문에 발을 들여놓는 방법에 대한 조언을 원한다.

나는 지금까지 세지도 못할 정도로 많은 피치와 제안을 들었다. 판매와 투자금, 파트너십, 취직 등 피치의 목적도 제각각이었다. 그런데 대부분의 피치에 결함이 있었다. 사람들이 피치의 목표를 즉각적인 판매, 투자, 제안 또는 수락으로 착각한다는 것이었다.

완전히 틀렸다. 대개 피치의 목적은 제거되지 않고 게임에 계속 남아 있기 위함이다. 보통 이것은 참여, 대화, 토론의 지속을 의미한다. 아무리 '충격과 경외심'을 일으키려고 노력해도 즉각적인 수락과 승인을 받아내는 경우는 드물다.

시각적 사고로 유명한 콜로라도주립대학교 교수 템플 그랜딘은 '30초 와우 피치Wow Pitch'를 제안한다. 내가 할 수 있는 일을 설명할 필요 없이 보여 주는 것이다. 작업 샘플과 도표, 사진, 추천 등으로 이루어진 포트폴리오를 슈퍼볼 광고와 똑같은 시간 동안 보여 주면 된다. 이렇게 30초 동안 당신의 능력을 보여 주는 증거들로 상대를 감탄시키면 '굉장한' 학력과 경력은 그다지 중요하지 않다.

다음 페이지의 이미지는 템플 그랜딘이 만든 다이어그램을 보여 준다. 만약 내가 목장 설계를 맡길 사람을 구한다면 분명히 감탄했을 것이다. 이것을 디자인한 사람과 대화를 계속 이어가고 분명히 문에 발을 들여놓게 했을 것이다.

소비자를 겨냥한 판매에도 같은 원리가 적용된다. 안경과 콘택트렌즈를 판매하는 회사 와비파커는 매우 간단한 세 가지 방법으로 소비자들이 안경테를 써 볼 수 있게 한다.

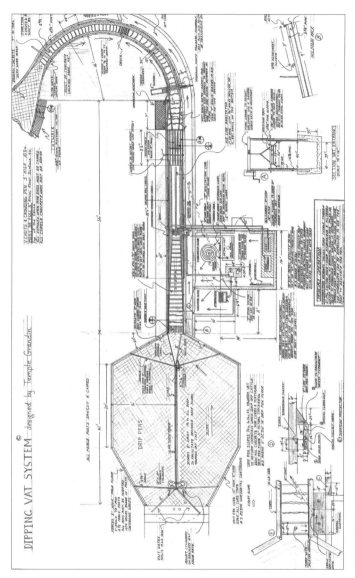

템플 그랜딘이 디자인한 가축용 소독 코스 시스템. '30초 와우 피치'의 좋은 예다. 컴퓨터 디자인 소프트웨어를 사용하지 않고 손으로 직접 그렸다.

매디선과 내 딸이 와비파커의 안경을 가상으로 써 보고 그 회사가 '발을 문에 들여놓게' 하고 있다. 어떤 안경테가 가장 잘 어울리는가?

©Madisun Nuismer/Nohemi Kawasaki

- 웹사이트에서 안경테를 선택한 후 컴퓨터의 카메라를 켜면 얼굴에 안경테가 씌워진다.
- 스마트폰에서 앱을 다운로드한 후 안경테를 선택하면 얼굴에 안경테가 씌워진다.
- 배송된 5개의 안경테를 5일 동안 무료로 써 본다. 왕복 배송비 모두 와비파커가 부담한다.

피치의 목적은 문으로 들어가는 접근권을 얻고 그 문이 닫히지 않도록 하는 것이다. 밖에 있을 때 문이 닫히지 않는 이상 당신은 게임을 계속할 수 있다. 최후의 승자가 될 때까지 경쟁할 기회가 생긴다. 내 사전에서는 그게 바로 '승리'다.

얼리 어답터를 구하라

- 미치광이가 어떻게 혁신가가 되는지 궁금하다.
- 당신이 하는 일을 더 많은 사람이 믿게 하는 방법을 알고 싶다.
- 새로운 아이디어의 전파에 대한 개념적 틀을 배우고 싶다.

데릭 시버스는 2010년 2월에 역대 가장 훌륭한 마케팅 비디오를 만들었다. 그는 TED 강연에서 2009년 새스콰치 음악 페스티벌에서 상의를 입지 않은 남자가 어떻게 낯선 사람들을 함께 춤추는 인파로 만들었는지 보여 주었다.

유튜브에서 '첫 번째 팔로워: 춤추는 남자에게 배우는 리더십First Follower: Leadership Lessons from Dancing Guy' 영상을 보고 교훈을 함께 분석해 보자.

- '혁신가'는 우스꽝스러워 보일 각오를 하고 새로운 것을 가장 먼저 수용해야 한다.
- 혁신가가 하는 일은 모방과 수용이 쉬워야 한다.
- 첫 번째 팔로워가 생기는 순간 혁신가는 미치광이에서 리더로 변신한다.
- 두 번째 팔로워는 혁신가와 첫 번째 팔로워가 두 명의 미치광이에서 한 무리의 집단으로 커지게 한다.
- 집단은 혁신가가 하는 일을 대중이 수용 가능한 행동으로 만든다.

이 영상에 나오는 상의를 벗고 혼자 춤추는 남자가 된 것처럼 느껴질 때도 있을 것이다. 당신의 아이디어가 혁신적일수록

'춤추는 남자'가 한 명의 미치광이에서 군중이 되는 모습.

당신은 더욱더 우스꽝스럽게 느껴질 것이다. 이것은 리마커블해지기 위해 치러야 하는 대가와도 같다. 하지만 일단 소수의 얼리 어답터가 생기면 꿈을 팔기가 점점 더 쉬워진다.

참고로 2023년 기준으로 1000만 명이 넘는 사람들이 데릭의 영상을 보았다. 데릭이 TED 강연의 뒷이야기를 전한다. 모든 환상적인 프레젠테이션의 뒤에는 잔뜩 긴장해서 얼어붙은 사람들이 있다는 걸 알 수 있다.

사실 그 강연을 앞두고 저는 너무 무서웠습니다. 강연이 끝나고 녹화 영상을 살펴보니 전혀 이상해 보이지는 않더라고요. 문제는 TED 강연에서는 메모지를 사용할 수가 없는데 그 첫 번째 팔로워에 관한 강연에서는 영상 속 남자의 행동과 제 설명이 한 문장 한 문장 완벽하게 타이밍이 딱딱 맞아야 한다는 것이었죠.

대본을 완전히 정확하게 외우는 게 필수였어요. 만약 실수로 한 문장이라도 빠뜨리면 전체적인 진행이 틀어져 버리니까요. 한마디로 3분 30초 동안의 독백 대사를 한 글자도 빠뜨리지 않고 외워야 했어요. 그것만 해도 매우 힘들었죠.

학교 다닐 때 연극 같은 걸 해 본 사람이라면 비슷한 경험이 있을 겁니다. 하지만 TEDx도 아니고 TED 강연이었어요(TEDx는 지역에서 열리는 소규모 강연이고 TED는 본사가 개최하는 국제적인 강연이다—옮긴이). 앞에 빌 게이츠도 있고 구글 관계자들도 있고 빌 조이도 있는 자리에서요. 맙소사, 저렇게 대단한 사람들이 잔뜩 모인 자리에서 무대에 올라가 그들에게 뭔가를 설명해야 한다니.

어떻게 강연을 끝내긴 했지만 저에게는 무섭고 떨렸던 기억밖에 없어요. 이성적으로 전혀 무서운 상황이 아니었는데도 강연하면서 온몸이 긴장 상태였거든요.

하지만 무대에서 내려오니 기분이 좋아졌습니다. 피터 가브리엘이 저에게 달려와 이렇게 말했거든요. "정말 훌륭한 강연이었어요. 근래에 본 것 중 최고예요. 정말 멋지고 심오하고 감동적이고 간결하지만 함축적이었어요. 최고입니다."

모두가 그러하듯 데릭도 많은 사람 앞에서 말해야 한다는 사실에 '두려움'을 느꼈다. 그러나 데릭은 두려움에 굴복당하지 않았다. 그는 끝까지 버텨 굉장히 인상적인 프레젠테이션을 선보였다. 이것은 매우 중요한 교훈이다.

첫 번째와 두 번째 팔로워가 생기기 전까지는 외로운 미치광이가 된 기분을 느낄 수도 있다. 하지만 포기하지 않고 계속해 나가면 사람들의 신뢰가 커질 것이다. 혼자 있는 미치광이는 세상을 바꾸지 못한다. 오히려 세상을 더 나쁜 곳으로 만들 가능성이 크다.

로버트 치알디니의 말을 들어라

- 사람들에게 영향을 미치고 설득하는 방법을 배우고 싶다.
- 호감도, 설득력, 통일성 같은 전략을 배우고 싶다.
- 이타심과 열린 마음을 이용해 다른 사람들의 호의를 얻고자 한다.

로버트 치알디니는 영향력과 설득력의 대가라고 할 수 있다. 그는 브렌다 유랜드, 캐럴 드웩과 함께 내 커리어에 중대한 영향을 끼친 인물이다. 사람들이 당신의 아이디어를 받아들이게 하는 데 도움이 될 만한 치알디니의 조언을 소개한다.

- 사람들에게 호감을 얻어라. 과연 싫어하는 사람이 당신에게 영향력과 설득력을 행사하게 할 수 있는가? 논할 가치도 없는 이야기다. 꿈을 팔고 싶다면 사람들의 호감을 얻어야 한다.
- 동류 집단을 이용하라. 치알디니는 이것을 '동류 집단 설득'이라고 부른다. 동류 집단은 (상업성에 따라 움직이는 인플루언서들과 달리) 신뢰할 수 있는 정보 출처다. 예를 들어, 우리는 동류 집단이 어떤 책을 추천하면 쉽게 '설득'당해 그 책을 읽게 된다.

- 미리 보답하라. 상대방에게 무언가를 받기 전에 먼저 도와주는 개념이다. 인과관계의 법칙을 믿고 최대한 많은 사람을 돕기를 추천한다. 친절하고 온화한 세상을 만들어 가는 데서 순수한 즐거움을 느끼고 사람들을 돕는다면 더할 나위 없이 좋을 것이다.

- 보답을 청하라. 순수한 기쁨을 위해 사람들을 도와야 하지만 그에 대한 답례를 부탁하는 것도 잘못은 아니다. 오히려 사람들이 당신에게 보답하고 더 많은 도움을 청할 수 있으므로 더 좋은 일일 수도 있다. 관계가 돈독해지는 것은 물론이다.

- 사회적 증거를 제시하라. 사람들은 사회적 규범에 따르기를 원한다. 예를 들어, 어떤 제품이나 서비스를 대다수가 사용하는 것을 보면 관심을 보인다. 2002년경에 사람들은 하얀 아이팟 이어폰이 눈에 띄기 시작하자 거부할 수 없는 유혹을 느꼈다.

- 전문성을 보여라. 리마커블한 이비인후과 의사 조 로버트슨과 시카고의과대학교 소아 난청 및 인공와우 수술 프로그램 책임자 데이나 서스킨드가 인공와우 수술이 내 인생을 바꿀 거라고 말했을 때 나는 그들의 전문성을 믿고 곧바로 수술대에 올랐다.

- 희소성을 보여라. 어떤 물건의 수량이 제한적일 때 사람들은 그 가치를 더욱 높이 평가한다. 한 예로 구글이 이메일 서비스를 처음 선보였을 때 사용 가능한 이메일 계정의 수가 제한되어 있었다. 물

론 NFT(대체 불가능 토큰) 그림 사본이 제한적인 것처럼 희소성이 헛소리에 불과할 때도 많지만, 그래도 희소성이 사람들의 심리에 끼치는 영향력은 진짜다.

- 약속과 일관성을 이용하라. 사람들은 약속을 지키는 것, 즉 말과 행동이 일치하는 모습을 존중한다. 조직들이 최종적으로 채용된 신입 사원들에게 서약이나 서류에 서명을 요구하는 것도 바로 이 때문이다.

- 단결을 끌어내라. 사람들은 무언가의 일부가 되어 공통의 정체성을 공유하고 싶어 한다. 잔디밭에서 함께 춤추는 것처럼 우스꽝스러운 모습일 수도 있고 미투 운동처럼 중대한 사회운동일 수도 있다. 어쨌든 단결을 끌어내는 것은 지지를 얻는 효과적인 방법이다. 예를 들어, 매킨토시가 사용자 집단을 끌어당긴 가장 강력한 매력은 세계 최고의 컴퓨터를 사랑하는 사람들과 어울릴 수 있다는 점이었다.

- 추세를 보여 줘라. 로버트 치알디니에 따르면 사람들은 데이터를 추정하므로 어떤 추세를 보여 주는 것은 아주 강력한 도구가 된다. 하나의 데이터 포인트는 그다지 강력하지 않다. 예를 들어, 10퍼센트의 시장점유율은 분명 대단한 성취이지만 '우리의 시장점유율은 첫해는 3퍼센트, 두 번째 해는 5퍼센트, 세 번째 해에는 10퍼센트

에 도달했다'라는 말이 훨씬 더 강력하다. 시장점유율이 앞으로도 계속 증가하리라고 추측하게 하기 때문이다.

- 자기 자신을 돕는 것보다 다른 사람을 돕는 것을 강조하라. 자신이 필요해서가 아니라 다른 사람들을 돕기 위해서 도움을 구한다는 사실을 보여 주는 방법은 매우 효과적이다. 예를 들어, 사람들은 아이들을 도와 달라는 부탁을 쉽게 거절하지 못한다. 부탁한 사람에게는 관심이 없을지라도 일반적으로 아이들에게는 관심이 있기 때문이다.

- 전향자를 활용하라. 데이터로 사람들을 압도하는 것보다 전향자를 예로 드는 것이 설득에 더 효과적일 때가 많다. 백인 우월주의 단체 쿠 클럭스 클랜Ku Klux Klan, KKK의 '의기양양한 사이클롭스(사이클롭스는 KKK에서 현장 실무자들을 지칭한 이름이었다—옮긴이)' C. P. 엘리스는 앤 앳워터라는 흑인 운동가를 만나면서 흑인에 대한 생각이 바뀌었다. 1960년대 후반에 노스캐롤라이나주 더럼에서 일어난 이 일은 사람들이 서로를 알아가면서 관계가 변할 수 있음을 보여 주는 강력한 예다.

설득과 영향력 분야에서 로버트 치알디니는 성장 마인드셋 분야의 캐럴 드웩과 같다고 할 수 있다. 나는 그의 생각과 원칙을 수없이 성공적으로 활용했다. 만약 그 생각들을 접하지 못했다면 내가 지금까지 이룬 목표의 상당수가 아예 불가능했을지도 모른다. 그러니 이 전략을 꼭 실천해 보기를 바란다.

공통점을 찾아라

- 타인과 공통점을 찾고 연결되고 싶다.
- 공통의 관심사를 이용해 사람들을 설득하고 영향력을 미치고 싶다.
- 서로 관점이 다른 사람들과도 친분을 쌓고 싶다.

앨라배마주 모빌에서 매킨토시 사용자를 대상으로 강연을 한 적이 있다. 한 백인 남성이 다가와 말했다. "난 노예제도를 생각하면 너무 늦게 태어났고 로봇을 생각하면 너무 일찍 태어난 것 같아요."

겉으로 웃었으나 속으로는 이런 생각이 들었다. '난 흑인은 아니지만 그렇다고 백인도 아니야.' 만약 매킨토시를 사랑한다는 공통점이 없었다면 그 사람과 절대로 화기애애한 분위기 속에서 말하지 못했을 것이다.

세상을 바꾸는 사람이 되려면 사람들을 설득하고 관계를 쌓는 능력이 필수적이다. 당신은 선택해야 한다. 남들과의 다른 점에 집중할 것인지, 공동의 관심사에 집중해 관계를 쌓을 것인지. 장담하건대 조금만 노력하면 그 어떤 사람과도 공통점을 발견할 수 있다.

그 방법은 다음과 같다.

- 기본적인 것부터 시작하라. 음식, 날씨, 교통 체증, 가족은 언제나 좋은 대화 주제다. 바비큐와 좋은 날씨, 밀리지 않는 도로, 아이들을 좋아하지 않는 사람이 있을까? (물론 둘 중 한 명이 채식주의자라면 바비큐에 관한 대화는 위험할 수도 있다. 나는 제인 구달과 대화할 때는 최근에 먹은 맛있는 갈비 이야기를 일절 꺼내지 않는다.)

- 관찰의 힘을 이용하라. 그 사람이 옷을 어떤 스타일로 입었는지 어떤 컴퓨터나 전화기를 쓰고 어떤 책을 읽는지 살핀다. 관찰한 내용 중에서 분명히 대화를 시작할 만한 거리가 있을 것이다.

- 미리 준비하라. 만나기 전에 링크드인이나 챗봇, 검색 엔진, 소셜 미디어 플랫폼 등으로 그 사람에 대해 미리 알아봐야 한다. 이런 노력을 기울이지 않는다면 큰 잘못이다. 이 도구들을 사용하면 대부분 사람과 공통점을 쉽게 찾을 수 있다.

목표를 잊으면 안 된다. 당신과 쌍둥이처럼 닮은 지인을 만드는 것이 아니라 당신의 제품이나 서비스, 조직, 또는 아이디어를 성공시키는 것이 목표다. 큰 그림에 집중하고 나머지는 무시하는 법을 배워야 한다.

나를 만나면 바비큐, 서핑, 팟캐스트, 매킨토시에 대한 이야기로 편하게 말을 걸어 주길 바란다. 그러면 분명히 화기애애한 대화가 될 것이다. 하지만 《부자 아빠 가난한 아빠》를 감명 깊게 읽었다거나 내 오토바이가 멋지다거나 하는 말은 자제해 주길.

좋은 이야기를 하라

- 스토리텔링을 이용해 다른 사람들과 좋은 관계를 구축하고 싶다.
- 좋은 이야기를 하는 방법을 알고 싶다.
- 스토리텔링이 사실보다 영향력이 큰지 궁금하다.

브랜딩의 대가 데이비드 아커는 사람들의 지지를 유도하는 스토리텔링의 힘을 극찬한다. 이야기는 말하기도, 기억하기도 더 쉽다. 게다가 이야기는 반박하기도 어렵다.

이야기와 달리 사실에는 문제가 두 가지 있다. 첫째, 사실은 기억에 남도록 전달하기가 매우 어렵다. 둘째, 진정으로 '이분법 사고'가 가능한 문제는 거의 없으므로 사람들은 서로 모순된 사실을 인용하곤 한다. 아커가 말하는 좋은 이야기의 청사진은 다음과 같다.

- 스토리 구조를 제공하라. 좋은 이야기는 짧으나 기승전결의 전개가 확실하다. 이런 구조를 갖춘 좋은 이야기일수록 이해하기도, 기억하기도 쉽다. 예상치 못한 결말이 있는 이야기라면 더 좋다.
- 진정성을 추구하라. 좋은 이야기는 애써 믿으려 하지 않아도 진실처럼 느껴지는 특징이 있다. 당신의 제품이나 서비스와도 일치하고 마케팅과 브랜딩의 핵심을 제공하는 것이 좋은 이야기다.
- 관심을 사로잡아라. 이야기 흐름이 상대의 흥미를 사로잡아야 한다. 아커는 "관심을 끌 수 없으면 그 무엇도 중요하지 않다"라고 말한다. '재미있는'이나 '쓸데없는' 같은 형용사를 피하고 직유와 은유를 사용한다. 예를 들어, '그녀는 재미있다'보다 '그녀는 배우 조지 타케이 뺨치게 재치가 뛰어나다'가 훨씬 더 강력하다.
- 강한 감정을 불러일으켜라. 사랑, 희망, 슬픔, 기쁨, 부러움, 분노처럼 강한 감정을 일으키는 이야기일수록 흥미롭고 널리 퍼진다.

- 단순하면서도 중요한 교훈을 전달하라. 이런 이솝우화가 있다. 사자가 쥐를 잡아먹지 않고 살려 주었다. 나중에 사자가 그물에 걸렸을 때 쥐가 그물을 갉아 먹어 구해 준다. 이 이야기가 주는 교훈은 나중에 누가 나를 도와줄 수 있을지 모르므로 모든 사람에게 친절하게 대하라는 것이다.

이야기의 영향력을 생각해 보자. 1975년에 백화점 체인 노드스트롬에서 일하는 16세의 크레이그 트룬스가 타이어를 반품하러 온 고객에게 25달러를 환불해 준 이야기가 있다.

이 이야기가 전설인 이유는 문제의 고객이 타이어를 구매한 곳은 노드스트롬이 들어서기 이전에 그 건물을 사용했던 업체였기 때문이다. 노드스트롬은 뒤이어 건물에 입점했고 그 고객에게 타이어를 팔지 않았다. 그래도 트룬스는 고객의 만족을 위한 선택을 했다.

이 이야기는 '고객 만족도 점수'라든가 마케팅 캠페인 같은 사실 정보보다 소비자에게 훨씬 더 매력적으로 느껴진다. 좋은 이야기가 리마커블한 사람들과 조직의 강력한 도구임을 확실히 보여 준다.

구조를 개방하라

- 다른 제품과의 통합이 성공으로 이어지는 방법을 탐구하고 싶다.
- 이 접근법의 장단점을 따져 보고자 한다.
- 궁극적으로 개방 구조와 폐쇄 구조 중에 무엇을 선택해야 하는지 궁금하다.

개방 구조open architecture는 당신의 제품이나 서비스의 특징 및 기능을 보완해 줄 수 있는 제품과 서비스를 다른 기업이 만드는 것을 뜻하는 전문용어다. 이것은 다른 조직들이 당신의 꿈을 받아들일 뿐만 아니라 그들의 제품을 당신의 꿈에 합치도록 돕는다.

예를 들어, 소니가 미러리스 카메라 알파 시리즈를 처음 선보였을 때 렌즈의 다양성이 부족하다는 약점이 존재했다. 당시 소니는 새로운 카메라에 필요한 렌즈들까지 전부 만들 자원이 없었다.

그러나 소니는 다른 기업들이 호환 가능한 렌즈를 만드는 것을 지지했다. 탐론과 시그마 같은 기업이 만드는 호환 가능 렌즈를 이용할 수 있다는 것은 지금까지 줄곧 소비자들이 캐논이나 니콘 카메라가 아닌 소니 카메라를 사는 이유다.

그러나 개방 구조는 추가적인 노력과 큰 그림을 위한 헌신이 필요하다.

- 더 큰 파이를 굽기 위해 파이를 나눠야 한다. 소니는 탐론과 시그마가 호환 렌즈를 판매하도록 허용함으로써 렌즈 판매 수익을 포기했다.
- 제품이나 서비스가 근본적으로 어떻게 작동하는지 문서화함으로써 다른 이들이 이해하고 호환 가능한 상품을 만들게 한다.
- 호환 가능한 제품을 만드는 데 필요한 기술적 필요 요건이 무엇인지 공유해 다른 기업들이 속도를 내게 지원한다.

폐쇄 구조를 추구해야 한다는 주장도 있다. 같은 예시를 이용하자면, 카메라 제조업체가 자사 카메라와 관련된 제품을 다른 기업들이 만드는 것을 전혀 허용하지 않음으로써 수익을 극대화하는 것이다. 이렇게 시스템을 통제하면 통합이 쉬워지고 고객들에게 더 원활한 경험을 선사할 수 있다.

개인적으로는 개방 구조를 선호하지만 두 가지 접근법 모두 효과가 있다. 그리고 두 가지를 동시에 추구하는 것도 가능하다. 예를 들어, 애플의 컴퓨터는 대부분의 하드웨어 변경에 '폐쇄적'이지만 iOS와 매킨토시 앱 스토어에서는 앱 개발자들에게 '개방'되어 있다.

그 개발자들이 만든 수많은 앱이 애플 제품의 기능성을 높여 주었다. 나는 애플에서 보낸 시간 동안 개방 구조가 다른 사람들을 팀에 합류시키고 비전을 퍼뜨리고 성공에 도달하는 효과적인 방법이라는 것을 배웠다.

거절을 무시하라

- 거절을 영원한 부정이 아니라 일시적인 좌절로 받아들이고 싶다.
- 부정적인 반응을 일반화하지 않고 각각의 '거절'을 개별적으로 받아들이고 싶다.
- 거절을 동기부여로 삼고 궁극적으로 '예스'로 바꾸는 프레이밍 방법을 배우고 싶다.

《당당하게 야망을 가져라Unapologetically Ambitious》를 쓴 내 친구 셸리 아샹보가 아프리카계 미국인 여성으로서 기업에서 승승

장구할 수 있었던 것은 '거절'을 받아들이지 않은 덕분이었다. 그녀는 상대가 거절하더라도 '지금은 아니다' 또는 '아직은 아니다'일 뿐이라고 받아들였다. 혹은 '~한다면 거절이 아니다'로 받아들이기도 했다. 변화를 만드는 사람이 되려면 이런 그릿과 취약성이 필수적이니 절대로 포기하지 말자.

그리고 부정적인 반응을 일반화해서는 안 된다. 예를 들어, 한 기업에서 일자리를 제안받지 못하더라도 실직자 신세를 벗어날 수 없다고 단정하면 안 된다. 마찬가지로 한 군데 대학에 떨어졌다고 대학 입학이 아예 불가능하다는 뜻도 아니다.

투자 유치는 더더욱 그렇다. 캔바의 CEO 멜라니 퍼킨스는 3년 동안 300명의 벤처 투자가들에게 피치한 결과 투자 유치에 성공할 수 있었다. 만약 그녀가 299번째로 거절당한 이후에 포기했다면 오늘날 캔바는 존재하지 않을 수도 있다.

'거절'을 결론으로 받아들이지 마라. 거절을 이용하자. 거절을 부정적인 맥락의 밖으로 가져가 포기하지 말고 계속 노력하라는 격려의 뜻으로 새롭게 프레이밍하라. 그러면 'NO'가 'YES'로 바뀔 수 있다.

"지금 당장 투자해야 한다는 **확신을 가로막**는 몇몇 영역이 있군요."	"오늘 파트너 회의에서 캔바에 대해 좋은 토론을 나눴는데요, 아무래도 **시드 라운드**(seed round, 스타트업의 초기 자금 조달 단계—옮긴이)**까지 기다려** 보기로 했습니다."	"앞으로 계속 연락하며 지켜보고 싶지만 **시드 라운드까지는 가지 않을 것 같네요.**"
"이유는 어젯밤 통화한 내용 그대로이니, **굳이 이메일로 장황하게 이야기하지 않겠습니다.**"	**"취향이 제각각인 비전문 디자이너들과 디자인 도구**의 필요성이 교차할지, 과연 그 규모가 얼마나 클지와 관련해 **시장 기회에 관한 우려**가 있습니다.	"아직은 **시기상조인 것** 같아서 **확신이 들지 않**는군요."

멜라니 퍼킨스가 캔바의 투자 유치를 거절당한 여섯 가지 대표적인 이유. 2023년 가을 기준, 캔바는 월간 실사용자 수가 1억 6500만 명에 달한다.

100송이 꽃이 피어나게 하라

- 제품이 의도하지 않은 용도에 열려 있기를 원한다.
- 시장의 힘이 당신의 제품을 새롭게 포지셔닝한다는 사실을 알고, 우연한 성공을 이용하고자 한다.
- 얼리 어답터에 집중하는 것이 더 큰 성공으로 이어질 수 있는지 궁금하다.

"100송이 꽃이 피어나게 하라"는 중국의 마오쩌둥이 한 말이다. 그가 실제로 이 말을 어떻게 활용했는지는 잘 모르지만. 내가 하고 싶은 조언은 어떤 꽃이든 피어나게 하고, 어떤 꽃이든 피어났다는 사실 자체에 감사하는 마음을 가지라는 것이다.

1984년에 애플은 매킨토시를 스프레드시트, 워드 프로세싱, 데이터베이스 컴퓨터로 만들려고 했다. 하지만 IBM PC가 자리 잡으면서 세 가지 모두 실패하고 말았다. 그런데 두 소프트웨어 스타트업 알두스와 어도비가 매킨토시를 이용해 책, 잡지, 신문을 출판할 수 있는 소프트웨어를 개발했다.

애플은 일반적인 생산성을 갖춘 컴퓨터를 원했으나 독립 소

1984년 1월 24일에 캘리포니아 쿠퍼티노에서 출시된 매킨토시 128K.   ©Apple

프트웨어 회사와 고객들이 그것을 '데스크톱 출판' 기계로 만들었다. 할렐루야! 나는 우연히 얻은 성공을 바탕으로 더 큰 성공을 쌓아 나갈 수 있다는 것을 배웠다. 결국 제품과 서비스의 포지셔닝을 통제하는 것은 당신이 아니라 시장이다.

한편 침입이나 위험 요소가 없다는 사실에 감사해야 한다. 다시 참나무와 도토리에 비유하자면, 내가 언덕에 도토리를 심었지만, 뿌리를 내린 것은 바람을 타고 날아온 코요테 부시와 단풍나무 씨앗인 셈이다. 이것도 나에게는 잘된 일이다!

다음의 표는 의도치 않게 꽃을 피운 씨앗들의 사례다.

이름	의도한 용도	실제 용도
비아그라	협심증과 고혈압 치료	발기부전 치료
버블랩	벽지	완충 포장재
덕트 테이프	탄약 상자 밀봉	무엇이든 밀봉

최선을 다해 훌륭한 제품이나 서비스를 만들고 또 최선을 다해 추측해서 시장에 포지셔닝한 다음에는 무슨 일이 일어나는지 지켜보면 된다. 물론 당신이 선택한 포지셔닝이 처음부터

옳을 수도 있다. 하지만 누군가 당신의 제품이나 서비스를 전혀 다른 용도로 사용하는 놀라운 일이 벌어질 수도 있다.

그러면 감사한 마음으로 '용도 변경'을 받아들인다. 그리고 최선을 다해 얼리 어답터들의 만족도를 높이고 성공 기반을 다진다. 그다음에 다른 시장과 산업으로 나아간다.

하루를 최적화하라

- 당신은 부정적인 사건을 기회로 바꾸는 방법을 알고 싶다.
- 그리고 그 기회를 최대한 활용하고 싶다.
- 그런 용맹한 젊은이들의 사례에 대해 알고 싶다.

올리비아 줄리아나는 내가 프롤로그에서 언급한 20대 Z세대 정치운동가다. 그녀는 정치인에게 몸매를 조롱당한 것을 낙태 권리를 위한 250만 달러를 모으는 기회로 최적화했다.

정치인의 SNS 글을 250만 달러로 바꿀 줄 아는 사람이라면 하루를 최적화하는 방법을 그 누구보다 잘 알 것이다. 그래서 올리비아에게 변화를 위하여 기회를 최적으로 활용하는 세 가

뉴욕에서 열린 미즈 재단 '비전 있는 여성상' 시상식에서 마리 C. 윌슨 차세대 리더상을 받은 올리비아 줄리아나(2023).

©Kevin Mazur/Getty Images

지 팁을 알려 달라고 부탁했다. 그녀의 대답은 이렇다.

1. 광범위한 연합이 가장 좋다. 당신 사상이 조 바이든에 가깝든, 버니 샌더스나 스테이시 에이브럼스와 가깝든 상관없다. 결국 핵심 원칙에는 모두가 동의한다. 핵심 원칙에 동의하나 의미론에는 동의하지 않는다고 누군가를 소외시키지 마라.

2. 하고자 하는 일이 무엇인지 분명히 하라. 만약 내가 낙태 권리를 위한 돈을 모으고 싶다면 맷 게이츠 의원이 날 공격했

기 때문에 낙태를 위한 돈을 모으는 거라고 솔직하게 말해야 한다는 거다. 당신에게 향하는 모든 관심은 변화를 촉진하는 기회가 된다.

3. 사람들에게 쉽게 할 수 있는 행동을 요구하라. 사람들에게 낙태 기금에 기부하라고 부탁하는 것은 쉬운 일이다. 낙태 권리에 대한 인식을 높이기 위해 리트윗을 해 달라고 부탁하는 것도 그렇다. 항상 사람들에게 무언가를 요구할 때는 최대한 쉽게 할 수 있는 행동이어야 한다.

이 접근법으로 그녀는 자신에 대한 공격을 기회로 바꾸어 최적화했다. 사람들을 단결시키고 목적을 명확히 하고 집단행동을 끌어내는 기회로 말이다.

직접 얼굴을 보여라

- 신뢰를 쌓는 방법을 배우고 싶다.
- 개인의 존재감에 담긴 힘에 대해 알고 싶다.
- 개인적인 상호작용이 관계를 강화할 수 있는지 궁금하다.

〈인 더 하이츠〉 세트장에서 아이스크림을 즐기려는 존 추와 린-마누엘 미란다.

©Jose Perez/Bauer-Griffin/Getty Images

　　꿈을 파는 것에 관한 마지막 팁이다. 린-마누엘 미란다는 배우이자 극작가, 가수, 작곡가다. 그는 뮤지컬 〈해밀턴〉과 〈인 더 하이츠〉의 각본과 주연을 맡았다. 지금까지 토니상 3회, 그래미상 3회, 에미상 1회를 수상했고 맥아더 펠로로 선정되었다. 영화 〈크레이지 리치 아시안〉을 연출한 감독 겸 각본가인 존 추는 영화 버전의 〈인 더 하이츠〉를 만들기 위해 미란다와 함께 일했던 이야기를 들려주었다.

근처에서 엑스트라 미팅이 있었어요. 저는 엑스트라 미팅에는 절대 가지 않습니다. 엑스트라를 모아 놓고 사진을 찍는 거예요. 사진을 벽에 붙여 두면 그때 제가 가서 보죠. 미리 편집이 되어 있고요. 수백 장의 사진이 가득한 방에 들어가서 내가 원하는 학교 환경이라든가 어떤 장면의 배경을 고릅니다. 아무튼 저는 사진을 찍는 곳에는 절대 가지 않아요.

그런데 미란다가 전화로 엑스트라 배우들이 사진을 찍는 곳이 어디인지 묻더군요. 그래서 저 아래 극장에서 찍는다고 말해줬더니 가겠다는 겁니다. 그는 거길 찾아가 엑스트라 배우들에게 이 작품이 자신에게 얼마나 소중한지, 지역사회에 얼마나 중요한지 이야기하고 그들에 대한 감사의 마음도 전했죠.

이게 바로 진정한 리더 아니겠습니까. 온종일 일정이 빡빡하게 차 있는 린-마누엘 미란다가 시간을 내서 간 거예요. 그는 정말로 정신없이 바쁜 사람이거든요. 지역사회를 위해 일부러 시간을 낸 거죠.

이렇게 직접 얼굴을 보이는 것의 힘을 절대 과소평가하면 안 된다. 린-마누엘 미란다는 바쁜 일정 속에서도 엑스트라 캐스팅 장소에 모습을 드러내 지역사회에 대한 존중심과 그들의 참여에 대한 감사를 표현했다. 그리고 존 추 감독이 인터뷰에서 그 이야기를 꺼낸 것은 그 역시 직접 얼굴을 보이는 것의 중요성을 알고 있음을 뜻한다.

린-마누엘은 그의 개인적인 상호작용이 커다란 영향력을 미칠 수 있음을 알았다. 실제로 그랬다. 개인의 존재감은 그 사람의 관심과 열정을 보여 주고 관계를 돈독히 하고 신뢰를 쌓게 해 준다.

사명 지향적인 또라이가 되어라

- 스티브 잡스를 리마커블한 리더와 CEO로 만든 것이 과연 무엇인지 알고 싶다.
- 다양한 리더십 유형을 이해하고 그중에서 최적의 유형도 알고 싶다.
- 다른 사람들과 비판이 긍정적으로 받아들여질 수 있는 관계를 발전시키고자 싶다.

토니 파넬은 아이팟, 아이폰, 네스트 온도조절기를 디자인했다는 사실만으로 설명이 끝나는 인물이다. 이 발명품들은 〈타임〉이 선정한 '역대 가장 영향력 있는 기기 50'에 속한다. 이 중에서 한 가지를 만들었다면 멋진 사람이다. 그런데 세 가지를 만들었다? 당신은 세상의 트렌드이며 당연히 리마커블하다.

2022년에 토니는 《빌드: 만들 가치가 있는 것들을 만드는 것에 관한 특별한 안내서BUILD: An Unorthodox Guide to Making Things Worth Making》라는 책을 펴냈다. 그 책에서 그는 사명 지향적인 또라이 CEO들을 이야기한다. 그에 따르면 그 또라이에는 네 가지 유형이 있다.

- 정치적인 또라이: 이들은 남들을 착취해 살아남고 자신의 체면을 살리는 일에 급급하다. 또한 뒤에서 남모르게 일해 남들의 효율성을 깎는다.
- 통제적인 또라이: 유능한 사람들에게 위협을 느끼는 마이크로 매니저. 오로지 자신의 아이디어만 훌륭하다고 생각하며 아주 사소한 부분까지 통제하려고 든다.
- 자기중심적인 또라이: 가장 순수한 형태의 또라이로 비열하고 무식하고 사람을 조종하려 하고 방어적이고 화가 많다. 길에서 만나

면 돌아가는 한이 있어도 아는 척하고 싶지 않은 유형이다.

- 사명 지향적인 또라이: 스티브 잡스가 대표적으로 이 유형에 속한
다. 이들은 조직의 사명에 헌신적이며 탁월한 능력을 발휘하지 못
하는 사람들을 압박한다. 매우 열심히 일하며 옳다고 생각되는 의
견을 들으면 마음을 바꾼다.

토니가 스티브 잡스 밑에서 일한 경험과 사명 지향적인 또
라이에 대해 다음과 같이 이야기한다.

적어도 제가 보기엔 스티브 잡스는 자기중심적인 또라이는 아
니었어요. 그에게는 조직의 사명이 제대로여야 한다는 점이 대
단히 중요했으니까요.

이 유형은 사람 자체를 판단하지 않습니다. 오로지 일 하나만
가지고 판단하고 비판하죠. 성과를 평가할 때도 고객과 교육을
위해 가장 좋은 방법을 택하고요.

하지만 가차 없고 무자비한 건 사실입니다. 팀원들이 절대로
차선을 택하지 않도록 만들려고 하죠. 무조건 최고를 원하죠.
아무리 작고 사소한 것조차 일일이 다 중요하게 여깁니다.

조직을 이끄는 일이 마치 유니콘이 마법의 요정 가루를 뿌리며 "쿰바야Kumbaya"(대표적인 흑인 영가. 쿰바야는 '주여 이곳에 오소서'라는 뜻이다—옮긴이)를 부르는 것처럼 행복만으로 가득하다면 얼마나 좋겠는가.

하지만 현실적으로 리더는 모두를 위해서 엄격하게 팀원들을 밀어붙일 필요가 있다. 일을 제대로 하지 못하면 다시 하라고 시켜야 할 것이다. 어쩌면 더 좋아질 수 없을 때까지 몇 번이나 시켜야 할지도 모른다. 결과적으로 팀원들에게 또라이라는 인식이 박힐 수도 있다.

하지만 리더가 팀원들에게 최고의 성과를 요구하지 않는 호구처럼 보이는 것은 더 나쁘다. 중요한 것은 리더가 또라이처럼 행동하는 이유다. 자신의 에고를 위해서인가? 자신감 부족을 감추기 위해서인가? 아니면 팀원들이 최고의 역량을 발휘하고 성공하기를 원해서인가?

내가 알기로 매킨토시 팀에서 스티브 잡스를 또라이라고 생각하지 않은 사람은 단 한 명도 없었다. 하지만 그와 일하는 것이 영광이고 특권이라고 생각하지 않은 사람 역시 아무도 없었다. 단언컨대 나를 비롯해 모두가 다시 기회만 주어진다면 당연히 스티브 잡스와 함께 일할 것이다.

중요한 것에 집중하라

- 옷과 헤어스타일 같은 선택에서 개인적인 표현을 알아차리고 싶다.
- 사회적 편견이 그 선택에 어떤 영향을 미치는지 이해하고 싶다.
- 사회적 기대를 따르지 않는 것의 전략적 영향력에 대해 궁금하다.

2020년에 작가, 연사, 팔로 알토 시의회 의원, 전 스탠퍼드 대학교 학과장 줄리 리스콧-헤임스와 흑인 여성의 헤어스타일에 관한 대화를 나누었다. 그녀의 결론은 이러했다. "우리 흑인 여성들은 스스로 아름답고 자랑스럽다고 느끼는 헤어스타일을 해야 합니다."

나는 그녀에게 미셸 오바마가 2016년 민주당 전당대회에서 생머리를 하고 나와 연설한 것을 어떻게 생각하는지 물었다. 나는 다른 흑인 여성도 아니고 미셸 오바마라면 생머리가 아닌 그녀의 '자연스러운' 머리나 그녀가 원하는 다른 스타일을 하고 나왔어야 한다는 생각이 들었다. 줄리의 대답은 이러했다.

미셸 오바마가 겨냥한 청중인 민주당에도 흑인 여성이 본인의 자연스러운 머리를 하고 다니는 게 부적절하다고 보는 사람들

민주당 전국대회에서 미셸 오바마(2016).　　　　　　　　©Alex Wong/Getty Images

이 있어요. 프로 정신이 없다거나 '그래서는 안 되는' 것으로 보는 거죠. 미셸 오바마도 그걸 모르지 않습니다. 아마 그녀는 그녀의 인생에서 가장 중대한 연설을 해 달라는 요청을 받았을 때 전략적으로 이렇게 생각했을 거예요. '오늘은 생머리를 해야겠다. 그래야 대다수의 사람들이 내 말을 진지하게 들어줄 테니까.'

흑인 여성들의 헤어스타일 같은 사안에 관한 복잡하고 미묘한 대화가 중요한 사회적 기대와 편견을 드러낸다는 것은 자명하다. 그러나 이 문제들은 자신이 추구하는 영향력과 전달하고자 하는 메시지를 참고해서 선택할 필요가 있다.

참고하면 좋은 자료

데이비드 아커, 《데이비드 아커의 브랜딩 정석》
셸리 아상보, 《당당하게 야망을 가져라》
조나 버거, 《캐털리스트》
조나 버거, 《컨테이저스》
로버트 치알디니, 《초전 설득》
줄리 리스콧-헤임스, 《어른을 키우는 방법: 과잉보호의 덫을 피하고 성공에 준비된 아이로
　　　키우는 방법(How to Raise an Adult: Break Free of the Overparenting Trap and Prepare Your
　　　Kid for Success)》
줄리 리스콧-헤임스, 《네 차례: 어른이 되는 방법(Your Turn: How to Be an Adult)》.
케이티 밀크먼, 《슈퍼 해빗》

3단계

Think Remarkable

품격: 다른 사람들에게 희망과 영감을 주어라

7장

–

솔선수범하라

품격 있는 리더십은 친절과 연민, 공감을 가지고
살아가는 법을 솔선수범으로 보여 주는 것이다.

달라이 라마

품격을 받아들여라

- 리마커블한 사람이 되기 위해 품격이 중요한 이유를 알고자 한다.

- 품격을 드러내는 자질이 무엇인지 알고 싶다.

- 리더십이 품격을 통해 어떻게 나타날 수 있는지 궁금하다.

품격은 리마커블함으로 가는 마지막 단계다. 그것은 타인에게 희망과 영감을 주는 침착함과 친절함, 배려를 뜻한다.

내가 인터뷰한 다수의 리마커블한 사람들에게서 품격을 발견했다. 제인 구달, 켄 로빈슨, 캐럴 드웩, 로버트 치알디니 등이 대표적이다. 그들에게는 조용한 자신감이 뿜어져 나온다. 그리고 그들의 초점은 그들 자신이 아니라 다른 사람들과 사회 전체로 향한다.

품격은 자연스럽게 주변 사람들에게 모범을 보이고 그들을 이끌게 해 준다. 그러니 리더십에 대해 먼저 살펴볼 필요가 있다.

가면 증후군을 이겨내라

- 가면 증후군을 이겨내고 싶다.
- 이 증후군이 겸손의 의미일 수 있지만 통제되지 않으면 방해물이 된다는 것을 알아야 한다.
- 가면 증후군을 인정하고 자신에게 유리하게 이용할 수 있는 방법이 궁금하다.

내 팟캐스트에 출연한 여성 게스트들은 가면 증후군을 언급하는 경우가 많았다. (남성 게스트가 이야기를 꺼낸 적은 없었지만 분명 남성들도 비슷한 경험을 했으리라 생각한다.)

가면 증후군은 성공한 사람이 자신의 능력을 의심하고 언젠가 사기꾼으로 들통나 버릴 것을 두려워하고 불안해하는 심리를 가리킨다. 한마디로 다른 사람들의 생각과 달리 자신의 실력이 보잘것없다고 생각하는 것이다.

> 나는 지금까지 열한 권의 책을 썼으나 그때마다 '이번에는 내가 사람들을 속여 왔다는 게 드러날 거야. 이번엔 들키고 말 거야'라는 생각이 들었어요.
>
> — 마야 안젤루

스스로 사기꾼이라고 느끼면 품격을 보이기가 힘들므로 반드시 이 문제를 짚고 넘어가야 한다.

긍정적으로 본다면 가면 증후군은 당신이 겸손하고 자각이 뛰어나다는 뜻이다. 더 열심히 노력해서 현재의 부담스러운 이미지를 초월하려는 동기를 부여한다. '난 굉장해. 온 세상의 찬사를 받아 마땅하지'라는 자아도취적인 태도에 빠지는 것보다는 가면 증후군이 더 낫다.

이 둘의 차이점은 '현실'이다. 당신은 정말로 사람들이 생각하는 것만큼 실력자인가? 만약 그렇다면 가면 증후군을 극복하는 것은 너그러운 태도로 자신을 봐주는 일의 연장이라고 할 수 있다. 그런 경우에는 자신에게 공을 돌려야 한다.

가면 증후군에 빠져 자신감을 발휘하지 못하면 결국 성장이 가로막힌다. 그러니 다음의 방법을 꼭 실천해 보자.

- 스스로 부족하다고 느끼고 있다는 것을 인정하라. 그 감정에 '가면 증후군'이라는 이름표를 붙인다. 자주 느끼는 감정이므로 이름이 있다는 것을 기억한다. 그 감정을 더 작게 만들고 제어한다. 절대로 부정하지 않는다.

- 리마커블한 사람들도 스스로 사기꾼 같다고 느낀다는 것을 기억하라. 솔직히 가면 증후군을 한 번도 경험하지 못했다면 착각하고 있을 가능성이 크다.

- 자신이 이루어 낸 성취, 성장, 지금 하는 더 큰 일에 집중하라. 현실이 평판과 일치하거나 그 이상이 되도록. 사기꾼이 아니라는 것을 스스로 확인하면 된다.

- 믿을 수 있지만 '따끔한 조언'도 잘해 주는 친구와 동료들에게 확신과 피드백을 구한다. 그들의 기대를 충족하거나 넘어선다면 스스로가 사기꾼이 아님을 알게 될 것이다.

- 진짜로 해낼 때까지 해낸 척하라. 자신감 넘치고 낙관적인 태도는 성공을 도와준다. 그리고 정말로 성공하면 자신감과 낙관적인 태도가 따라온다. 리마커블한 사람들은 거의 모두 이런 과정을 거쳐

서 성장한다.

- 사명이나 대의에 집중하라. 의심과 불안으로 머릿속이 빙글빙글 돌 때마다 세상을 바꾸려는 목표를 기억한다. 그 외의 것들은 전부 쓸데없는 소음이다.

'진짜로 해낼 때까지 해낸 척하라'의 의미는 의심과 불안이 있어도 자신감 있고 여유 있게 행동하라는 것이다. 업적이나 성과를 위조하라는 것이 아니다. 구속된 테라노스의 CEO 엘리자베스 홈스는 비도덕적이고 비윤리적인 행동을 했다. 용감하고 자신감 있는 가면을 쓰는 것과 거짓말을 혼동하면 안 된다.

가면 증후군을 극복하는 것은 개인의 성장과 성취를 위해서 대단히 중요하다. 아무리 탁월한 능력을 지닌 사람이라도 이 감정을 경험한다는 것을 기억하라. 리마커블의 열쇠는 실제로 성과를 내고 스스로 무가치하다는 생각을 이겨내는 데 달렸다. 내가 하고 싶은 조언은 '진짜 얼굴이 될 때까지 가면을 쓰라'는 것이다.

'좋은 상황'을 만들어라

- 지지적인 환경을 만들어서 사람들을 효율적으로 이끌고 싶다.
- 성소수자 커뮤니티를 지원하는 것처럼 성장, 협력, 포용성의 가능성을 키우고 싶다.
- 성공을 도와주는 법칙을 따름으로써 생산성과 웰빙 수준을 향상시키고 싶다.

대개 리마커블한 사람들은 결국 리더가 되어 다른 사람들을 이끌게 된다. 그들은 사람들에게 영감을 주고 동기를 부여하는 방법을 알고 있다. 동료와 직원들에게 '좋은 상황'을 만들어 주는 것이다.

스탠퍼드대학교의 심리학과 교수이자 현명한 개입을 널리 퍼뜨리는 에반젤리스트이며《소속감: 연결 고리를 만들고 분열을 이어주는 과학Belonging: The Science of Creating Connection and Bridging Divides》의 저자인 제프리 코헨은 사람들이 최선을 다할 수 있도록 만드는 '좋은 상황'이라는 개념을 고안했다.

좋은 상황에 해당하는 직장 환경은 다음과 같은 모습이다.

- 성장과 학습의 기회를 통한 동기부여
- 협력과 결속을 통한 긍정적인 상호작용 증대
- 사기와 업무 능률 개선을 위한 풍부한 피드백과 인정

리더로서 당신의 역할은 일터에 이런 환경을 마련하는 것이다. 다음을 행동으로 옮겨야 한다.

- 이루고자 하는 비전을 전달한다.
- 팀원들이 비전을 수용하고 다 같이 현실로 이루어 내도록 영감을 건네준다.
- 자신을 포함한 모든 사람에게 높은 기준과 기대를 설정한다.
- 적절한 자원을 제공한다. 흔히 관리자들은 '적은 자원으로 더 많은 성과'를 원한다. 하지만 '더 많은 자원으로 더 많은 성과'를 요구하면 어떨까?
- 팀원들을 사사건건 방해하지 말고 '매크로 매니징'한다.

예를 들어, 기업 내 성소수자 공동체들을 위해 좋은 상황을 만든다고 가정해 보자. 아마도 다음과 같은 행동이 필요할 것이다.

- 조직 전체에 트랜스젠더 친화적인 정책과 절차를 도입한다. 여기에는 드레스 코드, 대명사 사용, 화장실 접근 등이 포함된다.
- 의료 시술, 상담, 기타 의료 서비스 자원을 비롯해 성전환과 관계된 도움을 지원한다.
- 직원 다양성 교육을 실시한다. 성소수자들에게 안전하고 지지적인 환경을 제공하는 것이 목표다.
- 조직뿐 아니라 사회 전체적으로 성소수자의 권리와 성과를 옹호하는 활동을 한다.
- 조직 내 성공 사례와 역할 모델을 제공함으로써 성소수자 직원들의 가시성과 포용을 강조한다.

이런 식으로 좋은 상황을 만들면 성소수자 집단뿐만 아니라 조직 전체의 생산성과 웰빙이 개선된다. 좋은 상황은 모두에게 이익이다.

리마커블한 리더는 다른 사람들의 성공을 도와준다. 그들의 헌신과 인내, 성과에 보상을 줌으로써 발전을 지원한다. 그리고 궁극적으로 사람들이 그들의 완전한 잠재력을 깨달을 수 있도록 이끌어 준다.

이 주제에 대해 더 자세히 알고 싶다면 〈하버드 비즈니스 리

뷰〉에 실린 기사 '트랜스젠더를 포용하는 직장 만들기^{Creating a}
^{Trans-Inclusive Workplace}'를 읽어보길 바란다.

자신보다 더 나은 사람을 채용하라

- 나보다 나은 사람을 고용하는 것의 가치를 이해하고자 한다.
- 뛰어난 자질을 갖춘 개인들을 고용해 최고의 팀을 구축하고 싶다.
- 겸손과 자신감으로 채용에 접근하는 방법을 배우고 싶다.

애플의 매킨토시 팀에는 원칙이 있었다. A급 선수만 고용하기. '우리 모두'와 능력이 비슷하거나 더 뛰어난 사람들을 말하는 것이었다. (물론 거만함의 증거이기는 하지만.)

그 원칙은 A급 선수가 A급이나 더 훌륭한 A+급 선수를 고용한다는 생각에서 나온 것이었다. 그래야 걷잡을 수 없이 점점 더 무능한 사람들만 채용되는 것을 막을 수 있다. 보통 B급 선수는 C급 선수를 고용하고 C급 선수는 D급 선수를 고용하기 마련이다. 밑에서 일하는 사람들보다 자기가 우월하다고 느껴야 한다는 생각 때문이다.

매킨토시 팀. 왼쪽 맨 뒤 구석에 안경 쓴 남자 옆에 선 사람이 나다(1984).   ©Apple

자신보다 뛰어난 사람을 고용하면 다음과 같은 장점이 있다.

- 지식과 기술의 확장: 더 뛰어난 사람들은 팀이 가지고 있지 않은 지식과 기술을 갖추었기 때문이다.
- 의사결정의 강화: 지식과 기술이 뛰어나면 의사결정 과정과 결과도 더 좋아질 수밖에 없다.
- 더 유능하고 응집력 있는 팀: 현실적으로 이직하는 팀원들이 있기 마련이다. 빈자리를 더 뛰어난 능력을 갖춘 사람들로 채운다.

알랭 로스먼과 조애나 호프먼의 집에서 이루어진 매킨토시 팀의 재회. 25년이나 걸렸다. 그동안 나는 사진을 찍을 때 맨 앞에 서는 법을 터득했다(2019).

- 고성과 문화: 팀원들이 서로를 보면서 최선을 다해 능력을 발휘해 야겠다고 느낀다. "그럭저럭 잘하는 것만으로는 충분하지 않고" "탁월함에 대한 기대가 따른다"는 뜻이다.

하지만 이것은 결코 쉬운 일이 아니며 겸손과 자신감이 필 요하다. 다른 사람이 나보다 유능하다는 사실을 인정해야 하므 로 겸손이 필요하고 그 사람으로 인해 위기감을 느끼지 않아야 하므로 자신감이 필요하다.

당신이 구축하는 팀보다 당신의 리더십을 가장 명백하게 보여 주는 증거는 없다. 사람을 고용할 때는 결코 평범함에 만족해서는 안 된다. 자존심은 제쳐두고 당신이 있든 없든 조직을 더 훌륭하게 만들어 줄 사람을 찾아야 한다.

챔피언처럼 협상하라

- 리마커블한 협상가가 되고 싶다.
- 실용적이고 전술적인 협상 팁을 배우고 싶다.
- 자신의 특징이 협상 전술에 어떻게 반영되는지 궁금하다.

리마커블한 사람들은 뛰어난 협상가다. 그들은 반드시 원하는 것을 얻는다. 그들이 협상했던 사람들은 그들과 다시 일하고 싶어 한다.

협상에서는 무엇보다 힘을 행사하는 것이 중요하다는 생각은 버리자. 넷플릭스와 애플 TV 드라마에서나 그렇다. 《파이를 나눠라: 완전히 새로운 협상 방법 Split the Pie: A Radical New Way to Negotiate》를 쓴 예일대학교 경영학 교수 배리 네일버프는 윈윈 협상에 대해 다음과 같이 설명한다.

- 상대가 원하는 걸 줘라. 상대가 원하는 것을 주면서 협상을 시작한다면 당신이 원하는 것도 얻을 수 있으리라고 기대할 수 있다. "헐벗은 언덕에 참나무 100그루를 심으면 새 서프보드를 사 줄게"와 같은 식이다.

- 상대의 입장이 되어서 보도 자료나 협상 성공 연설문을 써 본다. 이것은 만약 상대가 당신과의 협상에 성공한 뒤 언론 인터뷰나 연설에서 뭐라고 말할지를 상상해 보는 방법이다. 실제로 상대에게 그 내용을 충족시켜 준다면 당신도 원하는 것을 얻을 수 있다.

- 상대의 주장을 입증해 본다. 상대의 주장을 입증해 보려고 함으로써 그들의 관점을 이해하고 있음을 보여 줄 수 있다. 공감적인 협상이라고 생각하자. 이렇게 하면 논쟁이 줄어들고 내 입장의 타당함도 인정받을 수 있다. 상대의 협상 이유를 이해하면 더 훌륭한 협상가가 될 수 있다.

- 가급적 'NO'라고 말하지 않는다. 이 단어는 아주 위험하다. 한쪽이 완전히 양보해야 한다는 신호를 보내므로 협상이 더 어려워진다. 'NO' 대신 '만약 ~한다면 YES'라고 말하는 게 좋다. 결정으로 가는 길을 제시하기 때문이다. 상대는 'YES'라는 말을 듣는 순간 자신이

원하는 것을 얻었다고 생각할 것이다. 그것을 포기하고 싶지 않아서 당신이 내건 조건을 수락해 줄 가능성이 크다.

- 물로 불을 무찔러라. 맞불을 이용해 불을 불로 막는 통제 발화 진화는 가연성 물질의 공급을 줄임으로써 화재를 늦추거나 막는 방법이다. 그러나 인간관계에서 이 방법은 문제를 해결하기보다는 악화시킬 가능성이 더 크다. 불을 끄고 좀 더 건설적이고 서로에게 유익한 방향으로 나아가는 게 좋다.

- 닻을 내리지 마라. 닻 내리기는 극단적인 제안으로 상대방을 목표 범위에 가두는 것을 말한다. 여기에는 두 가지 문제가 따를 수 있다. 첫째, 상대가 그냥 등을 돌리고 가 버릴 수 있다. 둘째, 만약 그 극적인 제안이 엄청난 양보라면 상대는 다른 문제에 대해서도 당신이 양보할 거라고 생각할지도 모른다. 가격을 양보한다면 '합당한 한도' 내에서 해야 한다.

성공적인 협상 능력은 자신감을 키우기 위해 필수적이다. 상대의 관점을 이해하고 대립을 피하고 효과적인 전략을 사용하면 프로답게 협상하고 서로에게 모두 이로운 결과에 도달할 수 있다.

기술을 가장 중요시하라

- 기업들이 정규교육 경험과 학위가 없는 사람을 채용하는지 궁금하다.
- 기업들이 원하는지 자질이 무엇인지 궁금하다.
- 정규교육 경험과 학위가 없는 사람들을 채용해도 되는지 고민이다.

자신보다 더 나은 사람을 고용할 때 가장 중요한 것은 그 사람이 어떤 기술을 갖추었느냐다. 기술을 획득하는 경로는 정규교육, 직장 경험, 훈련 등 여러 가지가 있다. 하지만 보통 사람들은 '정규'교육에만 집중하는 듯하다.

템플 그랜딘 교수는 표준 시험과 필수 요건이 달라져야 한다고 주장한다. 특히 대학에 입학하려면 대수학과 표준화된 수학 시험에서 좋은 점수를 받아야 하는 것이 필수 요건이다.

학생들과 대화를 나누면 이런 경우를 흔히 봅니다. 예를 들어, 커뮤니티 칼리지에서 수의 간호사 학위를 따려고 공부 중인데 두세 번째 대수학 과목에서 유급하는 거예요. 하지만 수의 간호사나 수의사 일에 대수학은 필요가 없거든요.

물론 산수는 필요하죠. 약물 투여 때문에 몇 가지 대수 방정식이 필요한데 그건 충분히 암기할 수 있고요. 대수학이 요구되니 최고의 수의 간호사가 될 수 있을지도 모르는 사람들이 걸러지고 있어요. 오히려 최고의 수의사가 될 수 있는 자질을 갖춘 사람은 동물들이 겪고 있는 문제를 시각적으로 사고할 수 있는 사람이에요.

물론 진단, 마취, 투약량 계산 등을 할 수 있어야 하지만 대부분 수의사에게는 고급 수학이 필요하지 않을 것이다. 당신은 반려동물을 치료해 줄 수의사로 고급 수학 능력을 갖춘 사람과 동물과 깊이 교감하는 사람 중에 어느 쪽을 선택하겠는가? 솔직히 이혼 변호사는 모든 것을 둘로 나눌 줄만 알면 되지, 고급 수학을 잘해야 할 필요가 있을까?

팀을 꾸릴 때는 후보자들의 기술이 최우선 순위가 되어야 한다. 학위가 아니다. IBM의 최초 여성 CEO 지니 로메티는 그러한 방식으로 채용했다. IBM에서 실제 업무를 할 때 대학 학위가 필요하지 않은데도 지원 조건에 대학 학위를 필수 요건으로 내세우는 직책들이 많다는 것을 깨달았기 때문이다. 다음은 그녀가 대학 졸업장이 없는 사람들을 채용하는 것에 관해 얻은 깨달음이다.

수년 동안 자료를 수집한 결과, 약 1년 후에 대학 비졸업자들이 대학 졸업자들과 똑같은 성과를 보인다는 사실을 알게 되었죠. 오히려 대학 비졸업자들은 배움을 향한 갈망이 있어서 강의를 더 많이 들어요. 계속 배우고 싶어 하죠. 회사에 대한 충성심이 강해서 이직률도 낮아요.

결국 저는 10년에 걸쳐 우리 회사 모든 직군의 지원 자격을 수정했습니다. 전체 직군의 50퍼센트가 대졸로 시작할 필요가 없다는 사실이 발견되었죠.

무려 35만 명의 직원을 거느리고 전 세계적인 브랜드 인지도와 무제한 자원을 갖춘 기업의 전직 CEO가 한 말이다! 그렇게 대단한 사람이 학위에 연연하지 않는다면 당신도 역시 그럴 수 있다.

조직에 필요한 기술을 찾아내는 것이 우선순위다. 대학 학위가 없는 사람들이 그런 기술을 갖추고 있을 수도 있다. 가만히 귀 기울여 보면 그 사람의 학위가 아니라 태도와 능력이 더 중요하다는 걸 알 수 있을 것이다.

올바른 신호를 보내라

- 조직의 목표와 일치하는 효과적인 보상을 마련하고자 한다.
- 보상 계획의 의도된 결과와 의도되지 않은 결과를 모두 고려할 필요가 있다.
- 보상의 원치 않는 결과를 피하는 방법이 궁금하다.

만약 당신이 택시 회사를 운영하는데, 기사들에게 시급을 주고 있다면 그들에게 올바른 신호를 보내지 않는 걸지도 모른다. 고정된 시급을 받으면 얼마나 많은 승객을 태우든 상관없으므로 근무 중에 자주 휴식을 취하고 목적지로 가는 덜 편리한 경로를 사용할 수도 있다.

만약 당신이 기업 이사이고 CEO에게 주주 가치의 증대가 장기적인 목표라고 말한다고 가정해 보자. 하지만 CEO의 보너스는 연간 수익에 따라 결정된다. CEO는 이사회가 자신을 얼마나 오랫동안 지금의 자리에 놓아둘지 모르므로 연간 보너스를 최대화하기 위해 완료까지 1년 이상 걸리는 위험한 혁신을 피하려고 할지도 모른다.

유리 그니지는 캘리포니아대학교 샌디에이고 캠퍼스 래디

경영대학원의 행동경제학 및 전략경영학 교수다. 《뒤섞인 신호: 보상의 진짜 원리Mixed Signals: How Incentives Really Work》를 쓰기도 했다. 그는 보상이 신호를 보내기 때문에 신호가 목표와 일치하는지 확인해야 한다고 말한다.

실제로 리더들은 조직에 혼란스럽거나 모순된 신호를 보내는 경우가 많다. 사람은 레버를 두드리는 실험 비둘기와는 다르지만 어쨌든 그니지 교수의 조언은 다음과 같다.

- 보상과 조직의 목표를 일치시켜라. 이렇게 하면 또 다른 장점이 있다. 목표를 공식화시킨다. 하지만 많은 조직이 이를 게을리한다.
- 보상 계획의 의도하지 않은 결과가 무엇일지 고려한다. 배우자나 친구 등 '신선한 관점'을 가진 사람들에게 당신의 보상 계획을 검토해 달라고 하면 도움이 된다.
- 보상 계획을 실제로 시험하면서 계속 수정한다. 조직 전체에 확대하기 전에 작은 규모의 표본을 대상으로 시험한다.
- 성장, 인정, 목적의식과 같은 '부드러운 보상'도 보상 패키지에 포함한다.

신중하게 준비한 보상 계획이 실패할 수도 있음을 보여 주는 사례가 있다. '하노이의 대규모 쥐 사냥: 마이클 G. 반과의 대화'라는 기사에 나온 것이다. 해충이 들끓어 골머리를 앓던 베트남 하노이에서는 쥐꼬리를 가져오면 정부가 현상금을 지급하는 정책을 시행했다.

시민들은 현상금을 받기 위해 수십만 개의 쥐꼬리를 가져왔지만 결국 정책은 실패로 돌아가고 말았다. 사람들이 일부러 쥐를 키워서 꼬리를 자른 후 개체 수가 늘어나도록 풀어 주고 있다는 사실이 알려진 것이다. 심지어 하노이 이외의 지역에서 쥐를 잡아 오기까지 했다.

과연 시민들을 탓할 수 있을까? 그 보상은 쥐꼬리를 최대한 많이 가져와야 하는 구조였다. 쥐가 어떤 질병을 옮기는지 알려 주는 교육 프로그램을 시행하거나 독이나 덫 같은 자원을 무료로 나눠 주거나 쥐가 없는 건물에 인증서를 발부하는 방법이 더 나았을 것이다.

영향력의 대가 로버트 치알디니가 옹호하는 사회적 압력을 이용하면 이런 식이 될 것이다. "우리 이웃집에는 쥐가 없다는 표지판이 붙어 있다. 우리도 이웃집에 뒤처질 수 없다. 우리 동네를 위험에 빠뜨리지 않도록 노력해야 한다."

한마디로 보상과 목표가 일치할 필요가 있다. 모두가 리마커블한 성과를 올리기를 원한다면 개인의 목적을 달성하는 잘못된 행동을 장려하는 것을 피해야 한다.

경계를 설정하라

- 어떤 활동을 축소하고 어떤 활동을 확장할지 결정하는 방법을 배우고 싶다.
- 자신의 시간과 관련해 한계를 분명하게 설정하고 사람들에게 전달하고 싶다.
- 더 많이 거절하는 방법을 연습하고 싶다.

리마커블한 사람이 되고 싶다면 시간과 관심, 에너지에 관한 주변 사람들의 요구에 분명한 경계를 설정하는 기술을 필수적으로 익혀야 한다. 여기에는 자신의 요구와 타인의 요구가 모두 포함된다. 경계를 설정하면 다음의 장점이 있다.

- 중요한 일에 쓸 수 있는 시간과 에너지가 늘어난다.
- 정서적, 신체적 웰빙이 커진다.

- 다른 사람들에게 과제를 위임하고 그들이 스스로 처리할 수 있는 능력을 키우도록 장려할 수 있다.
- 일과 삶에서 의미 있는 (소수의) 관계에 집중할 수 있다.
- 다른 사람들에게 경계 설정의 필요성을 솔선수범할 수 있다.

경계 설정은 다음의 단계를 따른다.

- 지금의 상태를 평가한다. 항상 기진맥진하고 일이나 삶에서 수많은 방해를 받는다고 느끼는가? 원하거나 꼭 해야만 하는 일을 하지 못하는가? 첫 단계는 문제의 크기를 평가해 보는 것이다.
- 당신의 우선순위를 확인하고 순위를 매긴다. 모든 활동과 관계를 가장 중요한 것부터 가장 중요하지 않은 것으로 분류한다. 이렇게 하면 우선순위가 명확해진다.
- 자신의 능력을 평가한다. 능력과 우선순위를 비교해 본다. 그 결과에 깜짝 놀랄 수도 있다. 목록에 담긴 모든 일을 하루에 다 처리하는 게 불가능하다는 걸 알게 될지도 모른다.
- 한계를 정한다. 이메일에 답장하거나 소셜 미디어를 읽거나 친구들과 놀거나 저녁이나 주말에 일하는 등 각각의 일에 사용할 시간의 한계를 구체적으로 정한다.

- 한계를 전달한다. 주변 사람들에게 당신이 정한 경계와 한계를 설명한다. 다른 사람들뿐만 아니라 내면의 비판자에게도 설명해야 할 수 있다.
- 적응하고 수정하라. 처음부터 최적의 경계를 설정하기는 어려우며 우선순위와 상황도 계속 바뀐다. 시간이 지나 경계를 다시 설정하는 것을 망설이지 마라.

사실 이것들은 온라인에서 흔히 접할 수 있는 높은 수준의 경계 설정 방법이다. 다음은 내가 개인적인 경험과 팟캐스트 출연자들로부터 배운 좀 더 실용적인 방법이다.

- 스스로에게 묻는다. "인생의 마지막 순간에 내가 후회할 일은 무엇인가?" 예를 들어, 아이들과 서핑을 더 자주 하지 않은 것, 50인이 카메라를 켜고 하는 줌 회의에 더 자주 참석하지 않은 것 등이 있을 수 있다.
- 예일대학교 경영학과 조교수 조 챈스는 24시간 동안 모든 요청을 거절해 보는 것을 추천한다. 이것이 힘들고 괴로운 사람일수록 평소 너무 '베푸는' 경향이 있다는 뜻이다. 게다가 거절해도 생각과 달리 큰일 나지 않는다는 사실도 알게 될 것이다.

- 《스마트폰과 헤어지는 법》의 저자 캐서린 프라이스는 잠자리에 들기 직전과 잠에서 깨어나자마자 스마트폰을 확인하는 습관을 버려 잃어버린 삶을 되찾으라고 제안한다. 그녀에 따르면 하루에 그 시간만 사수해도 아주 큰 도움이 된다. 더 많은 경계를 설정하게 될 것이다.
- 처음에는 거절하기가 어려울 수도 있고 익숙해질 때까지 시간이 걸릴 것이다. 빨리 시작할수록 쉬워진다. "NO"라고 말할 줄 알아야 내 성공을 앞당겨 주는 것들에 "YES"라고 말할 수 있다는 사실을 기억하자.
- '왜냐하면'이라는 단어의 힘을 활용하라. 하버드대학교의 엘렌 랭어 교수는 우리가 '왜냐하면'이라고 이유를 설명하면 복사기를 사용하게 해 달라는 요청을 다른 사람들이 들어줄 가능성이 크다는 사실을 발견했다. '왜냐하면 복사해야 해서'와 같은 별것 아닌 이유라도 상관없다.

경계 설정은 리마커블한 사람이 되기 위해 꼭 필요한 기술이다. 자신의 우선순위를 평가하고 한계를 정하고 효과적으로 전달함으로써 시간을 효율적으로 관리하고 의미 있는 인간관계에 집중하고 몸과 마음도 더 건강해질 수 있다.

줌으로 현장 경영하라

- 관계 구축을 우선순위로 삼고자 한다.
- 사무실 안에서 '돌아다니며' 사람들과 교감하는 것을 디지털 방식으로 하는 방법을 알고 싶다.
- 사무실 복귀가 꼭 필요한지 의아하다.

《탁월한 기업의 조건》을 쓴 탁월한 경영의 대가 톰 피터스는 현장 경영 management by walking around이라는 말을 보편화했다. 이것은 토요타의 겐치 겐부츠(직접 가서 확인하기)와 비슷한데, 관리자들이 업무 공간을 돌아다니며 직원들과 이야기를 나누는 것이다.

경영진과 직원들이 정신적, 육체적으로 고립감을 느끼지 않고 조직 내의 의사소통, 협업, 신뢰를 높이는 것이 목표다. 코로나19 팬데믹으로 인해 톰은 어쩔 수 없이 이것을 줌을 이용한 현장 경영으로 바꿔야 했다.

줌은 비감정적이지도 비인간적이지도 않습니다. 물론 대면 방식과는 다르지만 저는 정말로 그렇게 믿어요. 지금 우리가 줌에 대해 우려하는 말들은 사실 장거리 전화 때부터 나왔던 것들입니다.

인간미가 없다고 말이죠. 하지만 가상화는 적어도 전보 시대부터 시작되었습니다. 전보는 그 시절의 줌이었어요. 가공되지 않은 순수한 형태의 줌인 거죠. 그다음에는 전화가 그 자리를 차지했고요.

톰 피터스는 책《톰 피터스의 비즈니스 인사이트》에서 정곡을 찌른다.

주목할 점은 오늘날 현장 경영의 개념이 그 어느 때보다 중요해졌다는 것이다. 원격 근무가 점점 더 표준으로 자리 잡은 지금, 새로운 형태의 개인적인 근거리 상호작용이 일상 활동의 중심이 되어야만 한다.

관계와 연결의 힘을 과소평가하지 마라. 다른 사람들과 매끄럽게 관계를 맺는 것은 삶의 어떤 분야에서든 성공을 위해 대단히 중요하다. 대면 상호작용과 의사소통이 훨씬 더 좋으니 언제든 가능하면 그쪽을 선택하라.

입을 닥쳐라

- 더 효율적인 의사소통 방법을 배우고 싶다.
- 불편한 대화를 할 때 감정을 제어하는 방법이 궁금하다.
- 침묵의 힘에 관심이 있다.

품격으로 사람들을 이끄는 방법 하나는 말하기보다 듣기를 더 많이 하는 것이다. 내가 아는 가장 재미있는 사람인 댄 라이언스에게 배운 것이다. 그의 블로그 '가짜 스티브 잡스의 일기 Diary of Fake Steve Jobs'와 책 《천재들의 대참사》, 《실험실의 쥐》는 테크 산업 분야의 모순과 이면을 지적한다.

2023년에 댄은 《입 닥치기의 힘》을 펴냈다. 그 책에서 그는 자신이 입을 닥치지 못하는 근본적인 결함을 가지고 있다고 고백한다. 그것은 그의 일과 삶에 모두 부정적인 영향을 끼쳤다. 예를 들어, 허브스팟에서는 너무 거침없이 말한다고 해고당했고 800만 달러의 손해를 보았다. 여기에서 800만 달러, 저기에서 800만 달러를 자꾸 손해보다 보니 실제로 막대한 손해를 입었다.

2023년경에 그의 신조는 '적게 말하고 많이 얻자'였다. 팟캐

시트콤 〈실리콘밸리〉 "엑시트 이벤트" 에피소드의 한 장면(2019).

©John Altschuler, Mike Judge, and Dave Krinsky

스트를 운영하는 나조차 동의하는 말이다. (나는 팟캐스트에서 게스트의 비중이 90퍼센트이기를 바란다.) 다음은 댄이 알려 주는 다섯 가지 입 닥치기 방법이다.

- 적게 말하거나 아예 아무 말도 하지 마라. 댄은 "말을 돈이라고 생각하고 현명하게 쓰라"고 조언한다. 어딜 가든 스포트라이트를 받으려고 말을 물 뿌리듯 쓰면 안 된다.
- 일시 정지의 힘을 마스터하라. 연방대법원 대법관이었던 루스 베이더 긴즈버그의 부하 직원들은 그녀가 잠시 말을 멈추고 다시 시

작하기 전에 "하나, 둘"을 느리게 세는 법을 깨우쳤다.

- 소셜 미디어에서 말을 줄여라. 소셜 미디어에서 활동한다면 자기 글은 덜 올리고 남의 글을 더 많이 읽는다. 소셜 미디어에서 좀 더 적극적으로 활동했으면 하는 사람이 있는가?

- 듣는 법을 배워라. 말하지 않을 때 상대의 말에 귀 기울이지 않는 사람들이 많다. 그들은 자기가 말할 차례가 오기만을 노린다. 상대가 말할 때는 자기가 할 말을 생각하지 말고 귀담아들어라.

- 침묵을 추구하라. 만약 모든 방법을 사용했는데도 입을 닥칠 수 없다면 대화를 끝내고 자리를 피한다. 혼자만 중요한 뭔가를 놓칠까 봐 불안하겠지만 대개는 근거 없는 불안이다.

침묵은 힘을 보여 준다. 스스로 속도를 통제하고 사람들에게 대화 내용을 되돌아볼 시간을 준다는 뜻이다. 또한 감정을 관리할 수 있고 상황을 이해할 시간을 낸다는 뜻이기도 하다. 침묵은 말보다 목소리가 크다.

리스크를 줄여라

- 조직의 리스크를 줄이고 자신감을 높이고자 한다.
- 의사결정 능력을 개선하는 방법을 배우고 싶다.
- 예상치 못한 사건에 대비하고 싶다.

위험을 줄이는 것이 자신감과 품격과 어떤 관련이 있는지 궁금할 수 있다. 끊임없이 위기를 해결하려고 바쁘지 않아야만 자신감 넘치고 고무적인 리더의 모습을 보여 줄 수 있다. 조직 전체에 좋은 본보기가 될 것이다.

스탠리 맥크리스털은 미국 육군에서 34년 이상 복무하고 4성 장군으로 은퇴한 퇴역 장군이다. 그가 맡은 대표적인 임무는 2009년부터 2010년까지 아프가니스탄에 주둔한 국제 치안 유지군을 지휘한 것과 2003년부터 2008년까지 미국 특수작전부대를 지휘한 것이다. 한마디로 엄청난 양의 위험에 대처한 경험이 있다.

그의 책 《리스크: 사용자 안내서 Risk: A User's Guide》는 내가 지난 40년 동안 읽었던 리더십 관련 도서 중 가장 큰 깨달음을 준 책이다. 그가 가르쳐 준 리스크를 줄이는 방법은 다음과 같다.

워싱턴 D.C. 포트 맥네어에서 열린 은퇴식에서 부대를 점검하는 스탠리 맥크리스털 장군 (2010).

©The Washington Post/Getty Images

- 테스트하고 또 테스트하라! 시스템, 사람, 장비가 예상대로 작동하리라 추측하지 마라. 문자 그대로 전력을 차단하고 무슨 일이 일어나는지 봐야 한다. 일에 구멍이 뚫리지 않는지 공격 상황을 시뮬레이션한다.

- 사전 부검을 실시하라. 실패했다고 가정하고 실패가 발생한 이유를 모조리 수집한다. 그런 다음 취약성을 최대한 제거한다. 이 과정의 목표는 모든 잠재적 위험을 미리 살펴보는 것이므로 많은 위

험과 위협을 파악할 수 있게 해 준다.

- 사후 검토를 실시하라. 무슨 일이 있었는지를 사후에 분석하는 것이다. 정확히 파악해 무슨 일이 있었는지를 기록하고 다음번에 다르게 할 수 있거나 그래야만 하는 일을 찾아내는 것이 목적이다.

위험과 위협은 항상 존재하며 피할 수 없다. 당신의 임무는 불필요한 위험을 최대한 줄이고 팀의 회복탄력성과 역량을 키우는 것이다. 그러면 회사가 살아남을 가능성이 커지고 구성원들에게 변화를 만들어 가는 힘과 자신감을 실어 주는 환경이 만들어진다.

모르는 건 "모른다"라고 말하라

- 더 신뢰할 수 있는 믿음직한 리더가 되고 싶다.
- 어떻게 하면 다른 사람들이 배우고 성장하도록 영감을 줄 수 있는지 궁금하다.
- 다른 이들에게 개방적이고 정직하고 투명한 의사소통을 위한 좋은 본보기가 되고 싶다.

리더가 "모른다"라고 말할 수 있으려면 어떻게 해야 하는지 생각해 보자. 이것은 대부분의 대화에서 나올 수 있는 가장 강력한 말이지만 솔직히 우리는 이 말을 얼마나 자주 듣는가?

다음의 명언들은 이것이 절대로 불가능한 일이 아님을 증명하는 말들이다.

배우면 배울수록 내가 얼마나 모르고 있는지 깨닫게 된다.

— 알베르트 아인슈타인

새로운 발견을 가로막는 가장 큰 장애물은 무지가 아니라 알고 있다는 착각이다.

— 대니얼 부어스틴

내가 모든 것을 다 알지는 못하지만 성공하고 싶으면 기꺼이 위험을 무릅써야 한다는 것은 잘 알고 있다.

— 지니 로메티

리마커블한 사람들은 "모른다"라는 말을 자주 한다. 그 말이 얼마나 큰 이득을 가져다주는지 잘 알기 때문이다.

• 신뢰성: 모르는 것을 있는 그대로 솔직히 인정하면 아는 것에 대한

신뢰성이 커진다.

- 겸손: 기꺼이 귀 기울이고 배우려는 의지가 있는 겸손한 태도를 보여 준다.
- 동기부여: 다른 사람들이 스스로 알아내야 하므로 배우는 방법을 배우도록 동기를 부여한다.
- 투명성: 개방적이고 솔직하고 투명한 모습을 솔선수범한다. 조직 전체의 분위기도 영향을 받는다.

모른다고 말할 때 고려해야 할 특별한 상황이 두 가지 있다. 첫째, 업무 초기에 "모릅니다"라고 말할 때는 반드시 이 말을 덧붙여야 한다. "하지만 알아내서 답을 가져오겠습니다." 당신이 할 일은 해결책을 찾는 것이다.

둘째, 관리자나 리더는 "앞으로 어떻게 될까요?", "어떻게 해야 하죠?"라는 말에 모른다고만 대답하면 안 된다. 희망과 낙관주의가 어우러진 답을 주어야 한다.

이 경우에 "모른다"는 좋은 대답의 시작일 뿐이다. 그 뒤에 "하지만 우리는 함께 답을 찾고 힘을 합쳐서 성공을 위해 최선의 노력을 다할 것이다"라고 덧붙여야 한다.

자신의 무지를 인정해도 괜찮다. 오히려 솔직하게 인정함으로써 신뢰성이 높아진다. 하지만 희망을 불러일으키는 말로 표현되어야 한다.

참고하면 좋은 자료

셀리 아샹보, 《당당하게 야망을 가져라》.

콜린 브라이어, 《순서 파괴》.

제프리 코헨, 《소속감: 연결 고리를 만들고 분열을 이어주는 과학》.

토니 파델, 《빌드: 만들 가치가 있는 것들을 만드는 것에 관한 특별한 안내서》.

스탠리 맥크리스털, 《리스크: 사용자 안내서》.

배리 네일버프, 《파이를 나눠라: 완전히 새로운 협상 방법》.

마사 니뇨, 《아더 사이드: 판잣집에서 실리콘밸리까지》.

톰 피터스, 《탁월한 기업의 조건》.

지니 로메티, 《선한 힘: 삶과 일, 세상의 긍정적인 변화를 이끌어라(Good Power: Leading Positive Change in Our Lives, Work, and World)》.

크리스천 소로굿, 카티나 소여, 제니카 웹스터, '트랜스젠더를 포용하는 직장 만들기 (Creating a Trans-Inclusive Workplace)', 《하버드 비즈니스 리뷰》, 2020년 3~4월호.

필립 짐바르도, 《루시퍼 이펙트》.

8장
–
도덕적이고
올바른 길을 선택하라

나를 찾는 가장 좋은 방법은
타인을 도우며 자신을 잃는 것이다.

마하트마 간디

모두를 소중하게 여겨라

- 누구를 믿고 존경해야 할지 알고 싶다.
- 자신을 도와준 사람들에게 존경심을 표현하는 방법을 배우고 싶다.
- (격투기 시합, 요트, 기업 인수 같은 것이 아닌) 진정한 품격의 본보기를 접하고 싶다.

지금까지 아무도 들어 본 적 없을 캐럴 드웩의 일화를 들려주겠다. 성장 마인드셋에 관한 건 아니지만, 그녀가 얼마나 친절하고 사려 깊은 사람인지 알려 주는 이야기이므로 그녀의 사상을 더 쉽게 받아들일 수 있을 것이다. 그녀는 모든 면에서 리마커블하다.

2010~2019년에 그녀도 나도 전 세계로 강연을 다녔다. 나는 1년에 50~75회 정도였고 그녀는 더 많았을지도 모른다. 당시 강연 대본을 어디에서 썼느냐는 질문을 받으면 내 대답은 '유나이티드 클럽'이었다.

우리는 샌프란시스코 국제공항에서 약 50킬로미터 떨어진 곳에 살았는데, 우연하게도 둘 다 크리스 웹스터라는 멋진 남자가 운영하는 리무진 서비스를 이용했다. 크리스는 1인 기업이었다. 웹사이트도 없고 메르세데스 S클래스 함대를 거느리지도 않았고 오로지 혼자 오래된 링컨 타운카 한 대를 끌고 다니며 일했다.

그는 전 세계를 지배하려고 애쓰는 부유하고 유명한 실리콘밸리의 기업가, 임원, 벤처 투자가들을 실어 날랐다. (크리스가 쓴 책 《어느 운전기사의 고백Confessions of a Chauffeur》을 읽으면 그가 태운 거물들에 대한 더 자세한 이야기를 알 수 있다.)

안타깝게도 크리스는 2019년에 세상을 떠났다. 2019년 4월 7일 일요일에 유니티 팔로 알토 교회에서 그의 추모식이 있었다. 나는 아들 네이트와 함께 참석했다. 약 50명이 모인 작은 행사였다. 보노나 노라 존스나 앨 고어도 없고 친구와 가족만이

크리스 웹스터의 추모식에서 가이와 캐럴 드웩, 네이트 가와사키.　　　©David Goldman

자리했다. 그런데 캐럴 드웩이 남편과 함께 그곳에 와 있었다.

　　다시 말하자면 크리스가 수년 동안 새벽 5시에 태웠다가 자정 이후까지 기다려 다시 데려오고 휴일과 주말에도 태웠던 수많은 사람 중에 그녀가 있었다는 이야기다. 그 많은 손님 중에 캐럴 드웩만이 그곳을 찾았다. 이미 그녀의 연구와 사랑에 빠져 있었던 나였지만 크리스의 장례식에서 마주친 이후로 그녀는 내가 존경하는 사람 1위로 등극했다.

　　캐럴은 크리스를 기리고 싶었다. 그를 단순히 주소록의 '운전사'로 보지 않았다. 그녀는 진정으로 자애로운 사람이다. 이 이야기가 많은 이들이 그녀의 성장 마인드셋을 받아들이도록 도와주었으면 좋겠다. 돈이나 영광과 관련 없는 일에 어떻게 행동하는지 보면 그 사람에 대해 많은 걸 알 수 있다.

감사한 일을 찾아라

- 감사의 마음을 키우고 싶다.
- 삶에서 긍정적인 것들에 집중하는 방법을 배우고 싶다.
- 난관을 마주하고 있어도 희망을 찾고 싶다.

나는 부와 권력을 쥐고 태어나지 않았다. 어쩌면 행운인지도 모른다. 태어난 순간부터 부와 권력을 가지고 있으면 불행하고 평범한 삶으로 이어질 수도 있기 때문이다.

하지만 나는 운이 좋다. 부모님의 희생 덕분에 좋은 삶을 살 수 있었으니 말이다. 부모님은 나에게 사랑과 지지를 주었다. 하와이에 있는 이올라니 학교와 스탠퍼드대학교, UCLA에서 훌륭한 교육을 받을 수 있었던 것도 모두 부모님 덕분이다.

또 나는 건강해서 운이 좋다. 예순아홉이지만 아직 매일 서핑을 즐길 수 있다. 가끔 편두통을 앓고 청력도 거의 잃었으나 이것들은 나를 짓누를 정도의 시련이 아니다.

나는 사랑하는 아내와 사랑하는 네 명의 아이들, 사랑하는 많은 친구들이 있어서 운이 좋다. 이들은 복 받은 내 인생에서도 가장 큰 복이다.

나는 직장 생활과 글쓰기, 방송, 투자, 컨설팅 덕분에 재정적인 안정을 얻을 수 있었다는 점에서 운이 좋다. 부족한 것 없는 삶이다. 행텐hang ten(양발을 노즈 보드에 올려놓고 라이딩하는 기술—옮긴이)을 구사할 수 있는 서퍼 말고는 부러운 사람도 없다.

잠깐 멈추고 당신의 삶에서 감사한 일을 세 가지 적어 보자.

1. _____

2. _____

3. _____

내가 팟캐스트 〈리마커블 피플〉에서 인터뷰한 사람들은 전부 감사할 줄 알았다. 감사한 일이 매우 적고 고난만 가득할 때도 예외가 아니었다. 한 명도 빠짐없이 전부 그랬다.

성공 오블리주를 실천하라

- 다른 사람들을 도움으로써 세상을 변화시키고 싶다.
- 자신의 성공과 경험을 이용해서 다른 사람들을 도와주는 **방법을 알고 싶다.**
- 공동체에 돌려주는 **방법을 찾고 있다.**

제이컵 마르티네스는 캘리포니아주 왓슨빌에서 라틴계 청소년들을 돕고 농업 분야의 대안적인 진로를 개발하는 단체 디지털 NEST의 이사다. 그가 2023년 중반에 좋은 소식이 있다고 문자를 보냈다.

정말로 좋은 소식이 있었다. 일드 기빙 Yield Giving이 디지털 NEST에 몇 백만 달러를 지원하기로 한 것이었다! 일드 기빙은 아마존 창업자 제프 베이조스의 전 부인 맥켄지 스콧이 세운 수백억 달러 규모의 재단이다.

제이컵과 나의 문자 대화는 이렇게 진행되었다.

나: 우와. 책과 DVD를 파고든 보람이 있네! 심사가 많이 까다로웠어?

캘리포니아주 왓슨빌에 있는 디지털 NEST의 제이컵 마르티네스. 학생들이 동영상 편집을
배우고 있다.

©Guy Kawasaki

제이컵: 지원도 안 했어요. 재단에서 우리가 하는 일을 눈여겨
보고 있었고 그녀가 큰 감명을 받았대요. 짧은 인터뷰만 했고
몇 달 후에 전화가 왔어요.

지원할 필요도 없었을 뿐만 아니라 보고 의무도, 그 어떤 법
칙도 따르지 않는 지원이었다. 한마디로 맥켄지는 이렇게 말한
것이다. "우리는 당신이 하는 일이 마음에 듭니다. 우리는 당신
을 믿습니다. 할 일을 하세요." 이것은 자애로운 나눔의 환상적

인 사례다.

40년 전, 내가 대학에 다닐 때였다. 아버지는 노블레스 오블리주의 개념을 설명했다. 특권에는 책임과 의무가 따른다는 것을. 하지만 나는 '노블레스' 부분이 마음에 들지 않는다. 꼭 '귀족'에게만 해당하는 것처럼 들리기 때문이다.

더 좋은 말은 '성공 오블리주'다. 성공한 모든 사람에게는 도덕적 책임과 의무가 있다는 뜻이다. 맥켄지 스콧이 좋은 예다. 하지만 꼭 억만장자가 아니라도 할 수 있다.

다음은 다른 사람들을 도움으로써 성공 오블리주를 실천하는 현실적인 방법이다.

1. 멘토가 되어 준다.

2. 돈을 준다.

3. 제품이나 서비스를 제공한다.

4. 그들의 제품이나 서비스를 구매한다.

5. 그들의 제품이나 서비스를 홍보하고 추천한다.

6. 제품, 서비스 또는 프로그램을 함께 개발한다.

7. 추천인이 되어 준다.

8. 좋은 본보기를 보인다.

이 여덟 가지 활동을 실천하려면 꽤 오랫동안, 아마도 평생 바쁠 것이다. 하지만 그것이 몇 사람의 세상을 바꾸는 일임을 잊지 말자.

타인의 성공을 도와라

- 자원봉사 활동을 최적화하는 방법이 궁금하다.
- 다른 사람들을 돕는 방법에 대한 구체적인 아이디어가 필요하다.
- '헬퍼스 하이'에 대해 자세히 알고 싶다.

타인의 성공을 도와주는 성공 오블리주는 정말 자애로운 행위이고 리마커블함에서 빠뜨릴 수 없는 부분이기도 하다. 따라서 그 과정을 최적화할 필요가 있다.

《선행에 담긴 치유력The Healing Power of Doing Good》의 공동 저자 앨런 럭스는 그의 모든 경력을 봉사 활동을 이해하기 위한 노력에 바쳤다. 특히 우리가 타인을 돕는 것이 정신적, 육체적으로 어떻게 이로운지에 집중했다. 하지만 나는 럭스의 조언이 돕는 사람과 도움을 받는 사람 모두를 위해 자원봉사를 최적화하는 데 적용된다고 생각한다.

그가 알려 주는 자원봉사를 최적화하는 여덟 가지 방법은 다음과 같다.

- 직접 도와라. 당신이 돕는 사람들을 가능할 때 직접 만나서 함께 시간을 보낸다. 그러면 유대감이 커진다. 돈이나 옷, 음식을 기부하는 것 같은 자율적인 행동도 중요하지만 개인적인 유대 관계는 양쪽 모두에 도움이 된다.
- 자주 도와라. 럭스에 따르면 1주일에 2시간씩 봉사 활동을 하는 것이 가장 이상적이다. 직접 자주 도우면 유대감이 쌓인다. 도움받는 사람이 자신이 당신에게 중요하다고 느낄 수 있기 때문이다.
- 모르는 사람을 도와라. 친구와 가족을 도와주는 것도 중요하지만 그들은 당신이 '의무적으로' 도와야 하는 사람들이다. 모르는 사람을 돕는 것은 스트레스를 받는 의무가 아니라 자유롭게 나누는 행위이므로 고마움을 더 인정받을 수도 있다.
- 공통점을 나눠라. 당신이 돕는 사람과 공통점이 있으면 당신의 영향력이 더 커진다. 예를 들어, 같은 질병이나 시련을 겪은 사람을 돕는다면 공통점 덕분에 공감과 사회적 유대감이 커질 수 있다.
- 조직을 통해 봉사하라. 조직적인 봉사 구조를 통해서 사람들을 도

우면 효과적이다. 공식적인 프로그램을 통해 개입하는 것이므로 계속 봉사를 이어갈 가능성도 커진다.

- 전문성을 활용하라. 자신이 갖춘 기술과 전문 지식을 활용해서 도움을 주면 기여감, 자기 결정력, 진정한 쓸모감이 커진다. 도움을 받는 사람도 전문성을 갖춘 사람이 도와주면 더 안심되지 않겠는가?

- 노력하라. 노력이 필요한 도움일수록 참여와 관심도 커진다. 흥미롭게도 남을 돕는 데 많은 노력이 필요할수록 피로가 아니라 활력이 커진다. 도움받는 사람도 힘들게 노력하는 당신의 모습을 알아주고 더 고마워할 것이다.

- 집착하지 마라. 최선을 다하되 결과에 '집착'하지 않는다. 누군가를 도우면서 쌓은 사회적 유대감을 즐기고 주거나 받는 것이 가져다줄 이익을 기대하지 않는다. 그러면 모두의 긴장감이 줄어들 것이다.

럭스는 남들을 도우면 그가 '헬퍼스 하이'라고 부르는 것이 만들어진다고 믿는다. 이것은 남을 도울 때 생기는 긍정적인 감정, 에너지 증가, 커지는 자존감을 의미한다. 결국은 윈윈이다. 도움을 주는 사람과 도움을 받는 사람의 정서적 행복이 모두 커지니까 말이다. 모두에게 이익이다.

현명하게 개입하라

- 어떻게 하면 타인에게 자기 가치감을 키워줄 수 있는지 궁금하다.
- 현명한 개입을 위한 구체적인 기법을 배우고 싶다.
- 작지만 긍정적인 영향을 미치는 전략적인 방법을 알고 싶다.

'좋은 상황'이라는 개념을 고안한 스탠퍼드대학교 심리학과 교수 제프리 코헨도 '현명한 개입'을 권한다. 그는 이것을 '사람들의 소속감과 자기 가치감을 높이는 개입'이라고 정의한다.

이러한 개입은 간단하고(10분) 비용도 저렴하며 장기적인 행동 변화를 목표로 한다. 그는 마이애미-데이드 지역에서 선거 운동원들이 집집마다 방문해 성전환자 권리를 이야기한 연구를 인용해 이 기술을 설명했다. 그 연구 인터뷰는 다음의 구조로 이루어졌다.

- '트랜스젠더의 권리에 대해 어떻게 생각하는가?'처럼 신중한 개방적 질문으로 토론을 촉진한다.
- 사람들의 답변을 듣고 그들의 의견이 타당하다는 것을 확인해 줌

으로써 그들에게 '목소리'를 준다.

- 개인적인 경험과 감정을 불러일으키는 과정인 '유추적 조망 수용 analogic perspective taking'을 끼워 넣는다. 예를 들어 선거운동원이 이렇게 말한다. "단지 다르다는 이유만으로 다르게 취급받는 고통을 느끼는 사람들이 너무나 많습니다. 혹시 그런 경험을 하신 적이 있나요?"
- 상대가 들려 주는, 남들과 다르게 취급받은 경험에 귀 기울인다.
- 경험과 교훈에 집중한다. "오늘의 대화가 트랜스젠더의 권리에 대한 당신의 관점에 어떤 영향을 미쳤나요? 지지하는 마음이 커졌나요, 작아졌나요, 아니면 변함이 없나요?"

제프리는 연구 결과를 다음과 같이 요약했다.

6개월 후 드러난 사실에 따르면, 그들은 트랜스젠더의 권리에 더 공감하는 모습을 보였고 실제로 반트랜스젠더 증오 선동에 반대하는 입장을 취할 가능성이 더 커졌다.

나는 이것이 믿을 수 없을 정도로 고무적인 일이라고 생각한다. 사람은 변하지 않는다는 고정관념을 깨뜨리지 않는가. 사람은 변할 수 있다. 다만 올바른 종류의 열쇠가 필요하다.

현명한 개입에는 변화의 힘이 있다. 왜냐하면 공감, 성찰, 연결이라는 올바른 조합만 따라 준다면 사람이 충분히 변할 수 있다는 사실을 되새겨 주기 때문이다.

사람들에게 적절한 질문을 하고 답에 귀 기울이고 자신의 경험을 되새기도록 격려해 준다면 소속감과 자기 가치감을 기르도록 도와줄 수 있다.

기대 이상을 하라

- 일과 삶 모두에서 기대 이상을 하는 방법을 배우고 싶다.
- 기대 이상을 하는 것을 보여 주는 사례에 대해 알고 싶다.
- '충분히 좋은 것'이 정말로 충분하게 좋은지 알고 싶다.

2023년 여름에 캘리포니아주 왓슨빌에 있는 랜치 밀크라는 곳에서 음식을 포장 주문했다. 그런데 주문한 새우 타코 네 개가 빠졌다. 일주일 후에 다시 방문했을 때 그 이야기를 했더니 카운터 직원이 내 말만 믿고 새우 타코 네 개를 주는 게 아닌가.

이 이야기를 두 명의 친구에게 들려주었는데 그 직원의 행

캘리포니아주 왓슨빌에 있는 랜치 밀크의 서비스 스테이션과 레스토랑.

동이 평범한 것이라며 별것 아니라고 했다. 하지만 내 생각은 달랐다. 그래서 두 명의 전문가에게 확인해 보았다. TV 프로 진행자 앤드루 짐먼과 레스토랑 체인 로이스의 설립자인 로이 야마구치였다.

그들의 말은 다음과 같다.

앤드루 짐먼: 여러모로 기대 이상을 한 것이라고 할 수 있죠. 비즈니스 오너들은 현장 직원들이 이런 식으로 일 처리를 할 수 있도록 힘을 실어 줄 필요가 있어요. 이렇게 하면 손님은 분명

그 가게를 다시 찾겠죠. 이거야말로 진정한 환대죠. 이런 식으로 일하는 사람들이 더 많아져야 하는데 안타깝게도 소수에 불과하죠.

로이 야마구치: 정말 멋지다고 생각합니다. 정말 훌륭한 고객 서비스예요. 이렇게 직원이 스스로 조처하고 문제의 해결책을 찾는 것은 값으로 매길 수 없는 일이에요. 직원이 즉석에서 해 주었다는 점에서 더 의미가 큽니다. 만약 관리자에게 물어보고 해 주었다면 절대로 똑같은 기분이 들지 않을 겁니다.

물론 전기차가 공식 등급보다 더 먼 거리를 주행하는 것처럼 조직이 커다란 규모로 고객에게 기대 이상을 주는 것도 멋진 일이다. 하지만 작은 것들도 의미가 있다.

기본적으로 기대 이상을 준다는 개념은 다음과 같다.

- 주어진 것보다 많은 일을 하라. 교사들이 좋은 예다. 그들은 근무 외 시간까지 투자해 채점하고 수업을 준비한다. 수업 준비물을 사비로 사기도 한다. 적어도 내가 보기에 학생들을 가르치는 일은 정말로 리마커블한 직업이다.
- 사람들을 믿어라. 내 타코 사건이 그랬다. 카운터 직원은 내가 거

짓말로 공짜 타코 네 개를 얻어 내려고 하는 게 아님을 믿어 주었다. 설령 타코 네 개를 손해 보더라도 손님이 단골이 되고 입소문을 내주는 것의 긍정적인 효과가 더 크니 손익을 따져 봐도 이게 더 낫다.

- 유연성을 가져라. 몇 년 전에 동료 서퍼가 세상을 떠났다. 나를 포함한 서퍼 열두 명과 유가족이 추모일에 브런치를 함께 하려고 했다. 우리가 찾은 레스토랑은 손님이 거의 없었는데도 우리를 받아 주지 않았다. 결국 바로 근처의 캣 앤드 클라우드로 갔는데 가장 큰 테이블이 직원 전용 공간에 놓여 있었다. 그래도 레스토랑 측에서는 우리를 그 공간에 앉게 했다. 나는 첫 번째 레스토랑을 1년 넘게 찾지 않았다.

이 방법들에는 한 가지 공통점이 있다. 가치를 인정받는 느낌을 준다는 것이다. 기대를 뛰어넘는다는 것은 시간과 노력, 믿음을 넉넉하게 나눈다는 뜻이다. 이것은 리마커블하고 자애로운 사람이라는 증거이며 거대한 방법으로든 작고 사소한 행동으로든 모두 표현될 수 있다.

나는 일관성에 엄격한 사람이다. 그래서 이 책에 수록된 모든 소제목이 바로 위 문단처럼 요약으로 끝난다. 하지만 이 소제목만큼은 예외다. 일반적으로 교사들이 기대 이상을 하는 사람들이라는 사실을 확인하고 싶었기 때문이다. 오리건주 시골 학교의 선생님인 켈리 깁슨에게 물어보았다. 그녀는 다음과 같이 대답해 주었다.

제가 아는 거의 모든 선생님에게 기대 이상을 하는 것은 단순히 직업의 일부나 하루의 일부가 아니에요. 선생님들에게 그건 매시간의 일부랍니다.

네, 우리는 교실에 필요한 물품을 사비로 구매하고 근무 시간을 훨씬 넘어서까지 일합니다. 가족들과의 시간을 포기하고 수업이 시작되기 전과 수업이 끝난 후에도 학생들을 돕습니다. 하지만 교사들이 기대 이상을 한다는 걸 보여 주는 가장 중요한 모습은 학생들과 유대감을 쌓으려는 노력에 있어요.

선생님들은 교실에 있는 학생 모두에게 신경을 씁니다. 아이들이 우울해 보이면 눈여겨보고 즐거운 일이 있으면 함께 축하합니다. 아이들의 방과 후 행사에도 참석하고 다른 과목도 잘하도록 격려해요. 그러다 보니 자연스럽게 우리는 학생들의 삶의 일부가 됩니다. 학생들이 우리 삶의 일부가 되는 것처럼 말이죠.

그 연결은 학생들이 교실을 떠나고 더는 내가 돌봐야 할 학생이 아니게 된 지 오랜 시간이 지나서까지도 변치 않아요.

성공의 잣대를 바꿔라

- 자신의 성공을 의미 있게 측정하는 방법을 알고 싶다.
- 영향력과 충만감, 만족감을 키우는 구체적인 예를 알고 싶다.
- 세상을 변화시키는 것을 궁극적인 최종 목표로 삼는 마인드셋을 기르고 싶다.

개인에게 중요한 것은 품격의 시험이다. 나는 수백 명의 리마커블한 사람들을 인터뷰한 결과, 그들이 자신의 영광보다 타인을 돕는 것을 우선시한다는 결론에 이르게 되었다. 그것이 바로 그들이 '성공'을 정의하는 방법이었다.

예를 들어, 존 추 감독에게 성공의 잣대를 물었다. 그는 자신의 영화에 출연한 배우들이 그 이후에 좋은 작품에 출연하게 되는 것을 성공의 기준으로 측정한다고 답했다. 리마커블한 사람은 자신의 가치를 단순히 돈이나 권력이나 명성으로 평가하지 않는다.

성공의 잣대는 당신이라는 사람에 대해 많은 것을 말해 준다. 당신이 올바른 길을 가고 있는지 다음 요소들을 통해 꼭 확인해 보자.

- 영향력: 칸 아카데미의 설립자 살만 칸에게는 전 세계의 얼마나 많은 아이가 제대로 교육받을 수 있도록 도와주었는지가 중요하다. 리마커블한 사람들은 돈이나 권력을 얼마나 축적했는지가 아니라, 세상을 얼마나 더 좋은 곳으로 변화시켰는지를 성공의 잣대로 삼는다.
- 충만감: 이것은 자신이 하는 일을 사랑하고 사랑하는 일을 하면서 살아간다는 뜻이다. 그것이 무엇이든 당신에게 에너지를 채워 주고 살아 있는 이유를 주는 일이다. 무언가 선하고 고결한 일을 한 것 같은 기분을 느낀다.
- 관계: 인간관계의 특징 역시 성공의 척도가 될 수 있다. 당신은 주변 사람들에게 기쁨을 주고 그들도 당신에게 기쁨을 준다. 다시 말해서, 사랑하고 사랑받는 삶이다.
- 성장: 살면서 얼마나 여러 가지 지식과 기술을 얻었는지도 성공을 측정하는 기준이 될 수 있다. 시야가 넓어지면 만족을 느낄 수 있

다는 뜻이다. 서핑을 배우는 것에도 적용할 수 있다.

- 회복탄력성: 도전과 실패를 마주해도 포기하지 않는다면 성공했다고 할 수 있다. 당신은 시험을 통과했는가? 앞으로 더 많은 시험을 통과할 수 있는가? 그렇다면 승리를 선언할 수 있다.
- 만족감: 더 많은 것을 갈망하지 않는다는 뜻이다. 가족과 친구들과 함께 보내는 시간을 제외하고. 만족감은 삶에서 진정으로 중요한 것이 무엇인지 깨달았음을 나타낸다.

이런 것들을 성공의 잣대로 삼는 사람들은 거의 항상 품격이 있다. 당신도 이런 관점으로 성공을 바라본다면 품격을 기를 수 있을 것이다. 돈, 권력, 명성으로 성공을 판단하는 사람은 품격이 없는 경우가 많다. 모든 사람을 수단으로만 여기기 때문이다.

인생에서 가장 중요한 것은 어떤 유산을 남기느냐다. 우리가 성공을 측정하는 기준이 바로 그 유산을 결정한다. 당신이 다른 이들의 삶을 더 좋게 만들었기를 바란다. 당신의 존재가 세상을 더 나은 곳으로 만들었기를 바란다. 이런 유산은 중요하다. 그리고 바로 리마커블한 사람들이 추구하는 유산이다.

약자를 공격하지 말고 강자에게는 강하게 나가라

- 좀 더 큰 이해와 연민의 태도로 사람들을 대하고자 한다.
- 약자를 공격하는 행위인지 판단하고 삼가는 **방법**을 배우고 싶다.
- 다른 사람들을 무너뜨리는 게 아니라 끌어올려 주고 싶다.

약자 공격은 돈이나 권력, 사회적 지위를 나보다 가지지 못한 사람들을 무시하거나 비판하거나 공격하는 것이다. 2023년 기준, 미국에서는 약자 공격이 주로 사회적으로 소외된 계층을

대상으로 이루어진다. 백인이 흑인을, 남성이 여성을, 부자가 가난한 사람을, 신체적으로 건강한 사람이 신체적으로 장애가 있는 사람을 공격한다.

2015년에는 정말로 암울한 약자 공격의 사례가 발생했다. 당시 억만

〈뉴욕 타임스〉 기자 서지 코발레스키. 그는 관절에 변형이 오는 질환을 앓고 있다.

©Neilson Barnard/Getty Images

장자 공화당 대통령 후보였던 도널드 트럼프가 관절구축증이
라는 질환을 앓고 있는 기자 서지 코발레스키를 조롱한 것이다.

관절구축증은 관절에 구축과 변형이 오는 질환이다. 트럼프
는 2015년에 사우스캐롤라이나주 머틀 비치에서 열린 집회에
서 팔을 거칠고 어색하게 움직이며 코발레스키를 흉내 냈다. 누
군가에게 굴욕감을 줌으로써 웃음을 끌어내려는 트럼프의 속
내가 훤히 드러났다. 이것은 절대로 리마커블한 사람이 되지 못
하는 길을 보여 주는 완벽한 보기라고 할 수 있다.

연설 도중 코발레스키를 흉내 내는 도널드 트럼프.　　　　　©Richard Ellis/Zuma Press

간단히 말해서, 약자 공격은 얼간이들이나 하는 짓이다. 약자 공격을 한다는 것은 품격, 우아함, 지성이라고는 하나도 없음을 광고하는 꼴이다. 하지만 강자에게 강하게 나가는 전략은 다음과 같은 이점이 있을 수 있다.

- 군대가 모인다. 강한 적에게 저항하는 행위는 직원들이나 지지자들에게 엄청난 에너지를 줄 수 있다.
- 돈이 모인다. 올리비아 줄리아나가 맷 게이츠의 공격을 낙태 권리 기금을 마련하는 기회로 이용한 것을 기억하는가?
- 메시지를 보낸다. 강자에게 강하게 나가는 행동은 조용히 물러서지 않을 것이라는 메시지를 전달한다.

전략적으로 강자에게 강하게 나간 사례를 소개한다. 2023년 5월 18일, 플로리다의 뉴칼리지 학생들은 적대적인 보수주의 권력이 학교를 장악한 것에 저항하기 위해 그들만의 졸업식을 열었다. 그 졸업식에는 '우리 방식대로'라는 이름이 붙었다.

다음 날 열린 공식 졸업식에는 팬데믹 당시 도널드 트럼프 대통령의 고문이었던 스콧 아틀라스 박사가 참석했다. "살인자", "주인공은 당신이 아니다", "빨리 끝내라" 같은 외침이 여기

뉴칼리지의 '대체 졸업식'에서 그레이스 셔먼이 날개를 펴고 졸업하고 있다.

저기에서 튀어나왔다.

리마커블한 사람은 약자를 공격하지 않는다. 약자를 공격하는 이들은 멍청하고 오만하고 공감할 줄 모르는 얼간이들이다. 더 이상 말할 필요도 없다. 세상을 바꾸려고 노력하는 사람들은 강자에게 강하게 나가는 것을 전략으로 사용한다.

"어떻게?"라고 물어라

- 신념이 다른 사람들을 이해하고 공감하고 싶다.
- 어떻게 하면 내 의견에 찬성하지 않는 사람들과 생산적인 대화를 나눌 수 있는지 알고 싶다.
- 서로 반대되는 믿음을 가진 사람들과 대화할 때 논쟁을 초월하고 유대감을 쌓는 방법을 배우고 싶다.

나는 2022년에 마크 래버턴과의 인터뷰에서 이 원리를 배웠다. 그는 학생들이 리더십을 기르고 기독교 단체에서 일할 수 있도록 준비해 주는 교육기관인 풀러 신학교 총장을 지냈다.

우리의 인터뷰는 예수의 가르침과 일치하지 않는 행동을 옹호하는 복음주의 교회 신자들의 사고방식에 관한 토론으로 바뀌었다. 마크는 의견이 다른 사람들을 대할 때는 상대의 믿음이나 그 믿음의 이유에 집중하지 말라고 조언한다.

대신 상대가 어떻게 그런 믿음에 도달했는지를 물으라고 한다. 이런 접근법은 상대에 대한 적개심이 아니라 더 큰 이해, 나아가 공감을 촉진한다.

"어떻게?"라는 질문은 "왜 그런 걸 믿느냐"라고 묻는 것과는 완전히 다릅니다.

'어떻게'는 서사입니다. '어떻게'는 '왜'를 받쳐 주죠. 이런 식으로요. "어떻게 그게 사실이라고 확신하게 되었나? 어떻게 그런 생각을 하게 되었나? 지금 당신이 보이는 반응과 말하는 인생의 관점은 어떻게 생겼는가? 실제로 어떻게 그런 결론에 이르게 된 것인가?"

"어떻게?"라는 질문은 서로 비슷한 점이 별로 없고 관점도 많이 다른 사람들을 도와주는 놀라운 도구가 될 수 있습니다. 어떻게 그런 믿음에 이르게 되었는지에 대한 상대의 이야기를 들어 본다면 그냥 토론만 하는 것과는 완전히 다른 상황이 펼쳐질 겁니다.

일반적으로 '왜'라는 질문은 방어적인 태도를 촉발하지만, '어떻게'는 상대를 초대하는 것과 같아요. "나는 당신에 대해 알고 싶고 당신의 이야기가 궁금하다"라고 말하는 것이죠.

지금 생각해 보면 애플의 매킨토시 에반젤리스트였을 때 사람들이 어떤 운영체제를 왜 사용하는지 묻는 대신, 어떻게 해서 MS-DOS나 윈도우를 사용하게 되었는지를 물었다면 좋았을 것 같다. 내가 이걸 그때 알았더라면 더 훌륭한 매킨토시 에반젤리스트가 될 수 있었을 텐데.

당신에게는 나 같은 실수를 하지 않을 수 있는 시간이 있다.

'어떻게'라고 물으면 이해와 공감이 커진다. 서로 정반대되는 생각을 지닌 사람들과 대화할 때 언쟁을 피할 수 있다. 이 전략은 더 깊은 연결을 가능하게 할 뿐만 아니라 영향력과 리더십을 효과적으로 발휘할 수 있게 해 준다.

사과하는 법을 배워라

- 사과를 잘하는 법을 배우고 싶다.
- 자신의 행동을 책임지고 공감을 드러내는 법을 배우고 싶다.
- 내가 꼭 해야만 하고 나에게 기대되는 일을 해냄으로써 리마커블한 사람이 되고 싶다.

우리의 행동이 틀렸거나 적절하지 않거나 부족할 때가 없다면 얼마나 좋겠느냐만은, 인생은 그렇게 흘러가지 않는다. 리마커블함에 이르는 길은 실수와 실패로 가득한 험난한 길이다. 이

때 사과를 잘하면 잘못을 바로잡고 관계를 구축하는 데 큰 도움이 된다.

미들베리 국제학 연구소의 리사 레오폴드는 외국인 대학원생들에게 비즈니스 커뮤니케이션 과정을 가르친 적이 있는 사과 전문가다. 그녀가 말하는 훌륭한 사과를 이루는 네 가지 요소는 다음과 같다.

- "미안하다" 또는 "사과한다"를 먼저 말하라. "~할 생각은 아니었다"나 "고의가 아니었다" 같은 말로 시작하면 절대 안 된다. 진정으로 사과하려면 온전히 무게를 짊어져야 하므로 미안하다는 말을 먼저 해야 한다.

- 당신이 한 일을 분명하게 언급하라. 그렇지 않으면 상대는 당신이 무엇을 미안해하는지 알 수 없다. 극단적인 경우, 정말로 잘못했다는 것인지, 들통나서 유감이라는 것인지 알 수 없지 않은가? 자신의 행동을 절대로 "실수"나 "운이 나빠서", "그럴 의도가 아니었는데" 같은 표현과 연결하지 마라.

- 자신의 행동을 책임져라. "만약 기분이 상했거나 상처받았다면" 같은 말로 사과에 단서를 달지 마라. 이런 말은 만약 상대가 기분이 상하거나 상처받지 않았다면 미안하지 않다는 뜻이 된다. 자신의

행동을 인정하고 책임져라. 중요한 것은 내가 아니라 상대방의 생각이다.

- 공감을 표현하라. 사과의 말에는 내 행동이 가져온 파괴적인 결과를 인정하는 내용이 꼭 포함되어야 한다. 공감을 표현함으로써 제대로 된 사과가 가능하다.

나는 리사에게 몇 가지 공개 사과의 사례를 평가해 달라고 부탁했다. 내가 가장 마음에 드는 사례는 두 가지다. 첫 번째는 2013년에 마크 저커버그가 페이스북의 고객 정보가 유출된 보안 위반에 대해 사과한 것이다.

우리는 우리의 책임감에 대해 더 넓은 시각을 갖지 못했고, 이는 큰 실수였습니다. 제 실수입니다. 죄송합니다. 제가 페이스북을 만들었고 경영을 맡고 있으니 지금 일어난 일은 저의 책임입니다.

마크의 사과에 대한 리사의 분석은 다음과 같다.

사과 점수 C-.

이 사과는 대명사 "우리"로 시작한다. 개인의 잘못에 대한 사과는 '우리'라는 대명사로 시작하면 책임감이 약해진다. "실수"라는 단어도 사용되었는데, 비록 "큰 실수"라고 말하긴 했어도, 이것 또한 잘못을 정확하게 묘사하기에는 한참 부족하다.

"우리의 책임감에 대해 더 넓은 시각을 갖지 못했고"라는 문장은 잘못을 제대로 인정하는 표현이 아니다. 뭔가를 잘못했다고 말하기보다는 단순히 뭔가를 충분히 하지 못했다고 말하는 것이기 때문이다. "제 실수입니다"로 행동을 책임지려는 시도가 있는데, "제"라는 표현이 책임감을 주장하지만, "실수"가 잘못의 묘사에 대한 정확성을 떨어뜨린다.

"죄송합니다"가 사과의 표현인지, 유감의 표현인지 분명하지 않고 이 단어들은 잘못을 분명하게 명명하는 것과 거리가 있다. 저커버그는 "제가 페이스북을 만들었고 경영을 맡고 있으니"라고 지극히 명백한 사실을 이야기하고 있다. 이것은 사과에 아무런 가치도 더하지 못한다.

"저의 책임입니다"라고 말한 것은 행동을 책임지려는 좋은 시도이지만, "지금 일어난 일"이라는 표현을 선택함으로써 그가 회사 운영을 통제할 수 없음을 시사하고 있다.

두 번째는 2023년에 테네시주의 하원의원 폴 셰럴이 사형 선고를 받은 범죄자들을 나무에 매달아 사형시키자는 발언을 한 것에 대해 사과한 것이다.

저의 과장된 발언은 정의로운 사회가 가장 잔인하고 극악무도한 범죄에 대해서 그와 똑같은 사형이 필요하다는 저의 믿음을 전달하고자 하는 의도였습니다.

비록 사형이 집행되어도 피해자의 가족이 회복될 수는 없지만 가벼운 형벌은 우리가 생명 보호에 두는 가치를 약화시킵니다. 제 의도는 정의 구현을 위해 수십 년을 기다려야 하는 가족들에 대한 지지를 표현하는 것이었습니다. 상처받았거나 불쾌하신 분들이 계시다면 진심으로 사과드립니다.

다음은 폴의 사과에 대한 리사의 분석이다.

사과 점수 D-.

이 사과문은 대부분 그의 제안을 합리화하는 것처럼 들린다("의도"라는 표현이 두 번이나 사용되었기 때문이다). 후회가 전혀 드러나지 않는다. 자신의 발언을 "과장된"이라고 표현한 것은 그 발언이 얼마나 불쾌한 발언인지를 전혀 드러내 주지 못한다. "진심으로 사과드립니다"라는 표현은 적절하나 자신의 잘못에 대한 사과가 아닌 다른 사람들이 느낄 (잠재적인) 감정에 대한 사과일 뿐이다.

"상처받았거나 불쾌하신 분들이 계시다면"이라는 말을 사용함으로써 피해자가 없을 수도 있다는 것을 시사하기까지 한다. 잘못의 합리화, 후회의 부재, 피해자가 없을 수도 있다는 암시, 심각성의 은폐, (잘못 자체가 아닌) 잠재적인 상처에 대한 사과라는 점이 합쳐진 끔찍한 사과문이다.

사과를 잘하는 법을 하나 더 추천하겠다. 삶 자체가 그러하듯, 사과는 타이밍이 정말로 중요하다. 시간이 오래 지날수록 사과하기가 더 힘들어지고 사과하지 않음으로써 일어나는 피해도 더 커진다.

반면에 너무 빨리 사과하면 피해자에게는 당신이 잘못을 대수롭지 않게 여기고 그저 빨리 넘어가려는 것처럼 보일 수 있다. 사과에 진정성이 느껴지도록 사과의 타이밍을 어느 정도 기다리는 것이 좋다.

이 주제에 대해 읽기가 힘들었을 수도 있으니 사과를 잘하는 법을 요약하자면 이렇다.

1) 가장 먼저 "미안하다"라고 말하라.
2) 자신의 행동에 대한 책임을 인정하라.
3) 공감을 표현하라.
4) 적절한 타이밍을 선택하라.

사소한 것은 그냥 넘겨라

- 다른 사람의 선의를 믿어 주는 법을 배우고 싶다.
- 미묘한 차별에 생산적이고 정중하게 반응하는 법을 배우고 싶다.
- 정말로 중요한 것에 대해 걱정하는 법을 배우고 싶다.

우리는 상대가 무엇을 우선순위로 삼는지뿐만 아니라 무엇을 그냥 넘기는지를 보고 그 사람에 대해 많은 걸 알 수 있다. 사소한 것에 매달리지 않으면 정말로 중요한 것에 쏟을 시간과 에너지가 많아진다.

"모르는 게 약이다"라는 말이 있다. 소크라테스, 존 로크, 토머스 그레이 등 수많은 위인이 모르는 게 더 나을 수도 있다고 말했다. 하지만 무지보다 사소한 것은 그냥 넘어가라는 게 더 좋은 조언이다.

개인적인 경험을 예로 들어 보겠다. 1994년에 나는 아내와 어린 아들과 함께 샌프란시스코에 살고 있었다. 우리 집은 대부분 백인이 사는 부자 동네 프레시디오에서 한 블록 떨어져 있었다.

어느 날 집 밖에서 덩굴 관목 부겐빌레아를 다듬고 있는데, 나이 많은 백인 여자가 다가와 물었다. "잔디도 깎나요?" 그 말에 나는 이렇게 쏘아붙였다. "내가 일본인이니까 당연히 정원사라고 생각하는 건가요?"

몇 주 후 집에 방문한 아버지에게 그 이야기를 들려 주었다. 가방끈도 길고 책까지 출간한 데다가 애플 임원까지 지낸 아들이 정원사 취급을 받았다는 말에 당연히 아버지가 기분 나빠할 줄 알았다.

하지만 아버지는 이렇게 말했다. "네가 사는 동네의 통계를 보면 그 사람이 틀린 것도 아니지. 그러니 괜히 열받을 필요 없다." 그 순간은 내 인생에서 정말로 중요한 순간이었다. 굳이 문제점을 찾으려 하지 말고 사람들의 선의를 일단 믿어 보라는

졸지에 나를 정원사로 만들었던 바로 그 부겐빌레아 나무.   ©Beth Kawasaki

가르침을 얻었다.

'무시' 초능력을 발휘하는 방법은 다음과 같다.

- 개인적으로 받아들이지 마라. 그 여성이 나에게 잔디도 깎느냐고
  물은 것은 나를 조롱하려는 목적으로 한 말은 아닐 것이다. 애플의
  어떤 방침이 짜증 난다고 해서 팀 쿡이 당신의 화를 돋우려고 일부
  러 그런 방침을 정한 건 아니다. 팀 쿡은 당신을 알지도 못한다.

- 어쩔 수 없는 일에 대해 걱정하지 마라. 아무것도 할 수 없는 상황이라면 그냥 그대로 내버려 둬라. 예를 들어, 비행기 날개에 쌓인 눈이나 얼음을 제거하기 위해 비행편이 지연되었다고 가정해 보자. 탑승 게이트 앞에서 직원들에게 소리 지른다고 해결될까? 게다가 제빙장치를 점검하지 않아서 비행기가 추락이라도 하면 훨씬 더 많은 시간이 지연된다.

- 일단 사람들의 의도가 선하다고 믿어라. 적어도 처음에는 다른 사람들이 성실하고 유능하고 맡은 일을 잘해낸다고 생각하라. 사람들이 나쁘다는 것이 증명되기 전까지는 선함을 가정하면서 살아가라. 나는 결론을 내리기 전까지 투 스트라이크나 쓰리 스트라이크까지는 기회를 주는 편이다. 내가 정원사인 줄 알았던 그 부인도 인종차별을 한 게 아니라 단순히 집의 잔디를 깎아야 해서 그랬을 것이다.

- 양쪽 이야기를 모두 확인하라. 우리는 남들에게 어떤 사연이 있는지, 그들이 상황을 어떻게 인식하는지 알지 못한다. 주차장에서 속 터질 정도로 늦게 차를 빼는 사람은 얼마 전에 가족의 죽음을 겪었을 수도 있다. 모르는 일이다. 언젠가 당신도 그 사람처럼 정신이 딴 데 팔릴 수밖에 없는 일을 겪게 될지도 모른다.

사소한 일을 그냥 넘기면 괜한 신경을 쓰지 않아도 된다. 스스로 주도권을 쥘 수 있다는 점에서도 만족스럽다. 평판을 지킬 수도 있다. 사소한 일에 흥분해서 맞대응하는 모습은 결코 좋아 보이지 않으니까.

이게 끝이 아니다.《흑인 친구The Black Friend》와《가부장제 블루스Patriarchy Blues》를 쓴 흑인 사회운동가 프레더릭 조셉을 2022년에 인터뷰할 때 백인 여성 이웃이 나를 정원사로 착각한 이야기를 들려주었다.

내가 아버지에게 괜히 열받을 필요 없다는 말을 들은 이후로 그때까지 인종 문제에 관해 세상에는 아주 많은 일이 일어났다.

프레더릭은 내가 그때 어떻게 해야 했는지 알려 주었다.

구체적으로 그 상황에서는 이런 식으로 대화하는 게 좋습니다. "당신은 문제 되는 행동 X, Y, Z를 했다. 그런 말을 할 수도 있겠지만 내가 만약 백인 남자였다면 당신은 절대로 나에게 그렇게 말하지 않았을 거다." 상대를 바꾸려면 대놓고 화내는 것보다는 이게 더 효과적일 수 있어요.

다시 말하자면 나는 그녀의 말이 인종차별적이고 비하적인 말로 들릴 수 있다는 사실을 설명해 줄 수 있었다. 그랬다면 일단 상대의 의도가 선하다는 것을 믿고 깨달음의 기회를 줄 수 있었을 것이다.

인생은 우리가 통제할 수 없는 것 천지다. 하지만 어떻게 반응할지는 선택할 수 있다. 리마커블한 사람이 되고 싶다면 다른 사람들의 의도가 선할 것이라고 믿어 주고 이해와 의사소통을 넓혀가는 기회로 활용해야 한다. 절대로 예전의 나처럼 반응하면 안 된다.

부모의 가르침을 참고하라

- 보는 사람이 없을 때도 품격 있고 예의 바른 태도를 갖추고 싶다.
- 특히 도움이 필요한 사람들에게 자신의 시간과 돈, 자원을 너그럽게 나눠 주는 방법을 알고 싶다.
- 자신이 머물렀던 자리를 깨끗하게 하는 것이 중요하다는 사실을 깨닫고 싶다.

마지막으로 나의 부모님 듀크와 루시 가와사키의 세 가지 조언을 소개한다. 포스터에 넣거나 명언으로 남길 정도는 아니나 지금까지 나를 올바른 길로 이끌어 준 가르침들이다.

- 품격을 보여라. 절대로 자신의 품격이나 가치를 스스로 떨어뜨리지 마라. 공공장소에서 술에 취한 모습을 보이지 말고 큰 소리로 소란을 피우지 마라. 사람들을 들볶지 말고 훈수 두려고도 하지 마라. "잔잔한 물일수록 깊게 흐른다."
- 인색하게 굴지 마라. 생계를 위해 애쓰는 서비스업 종사자들에게 팁을 후하게 줘라. 계산할 때 더치페이하지 말고 돌아가면서 산다. 단순히 힘을 과시할 목적으로 협상하지 않는다. 사람들에게 이익을 얻고 생계를 유지할 기회를 줘라.
- 머물렀던 자리를 깨끗하게 하라. 어머니에게 귀에 못이 박히게 들은 말이다. 항상 그 가르침에 부응하지는 못하지만 (아내가 이 책을 읽을지도 모르니) 적어도 그 중요성을 인지하고는 있다. 시작이 반임을 기억하자.

보는 사람이 없을 때 현명한 선택을 내릴 기회가 많이 있을 것이다. 대개 가장 좋은 선택은 가장 쉬운 선택이 아니다. 하지

만 리마커블한 사람이 되려면 나중에 뒤돌아보았을 때 만족할
수 있는 선택을 해야 한다.

참고하면 좋은 자료

프레더릭 조셉, 《흑인 친구》.
가이 가와사키, 《와이즈 가이: 삶의 교훈(Wise Guy: Lessons from a Life)》.
앨런 럭스, 《선행에 담긴 치유력》.
크리스 웹스터, 《어느 운전기사의 고백》.

9장
–
고개를 돌려
전속력으로 나아가라

나무를 심기에 가장 좋은 때는 20년 전이었다.
두 번째로 좋은 시간은 지금이다.

중국 속담

후회를 남기지 마라

- 다른 사람들의 후회에서 배움을 얻고 더 나은 선택을 하고 싶다.
- 대대수의 사람들이 가장 많이 하는 후회가 무엇인지 알고 그것들을 피하고 싶다.
- 나중에 후회가 덜하도록 도덕적이고 공감적인 삶을 살고 싶다.

다니엘 핑크는 작가이자 연사이고 세계 후회 프로젝트World Regret Project의 진행자이기도 하다. 그 프로젝트의 웹사이트에서는 전 세계 105개국 1만 9000명이 그들의 후회에 대해 밝혔다. 그는 그 결과를 분석해《후회의 재발견》이라는 책을 펴냈다.

누구나 후회한다. 리마커블한 사람들이라고 다르지 않다. 그러니 누구나 다니엘의 연구 결과에서 가르침을 얻어 자신의 우선순위를 조율할 수 있다. 다음은 다니엘이 발견한 후회의 네가지 종류다.

- 기반성 후회: 사람들은 운동을 하지 않은 것을, 몸을 돌보지도 않은 것을, 더 열심히 공부하지 않을 것을, 돈을 저축하지 않는 것을 후회한다. 그 일을 하지 않았기에 삶의 기반을 형성하는 영역이 흔들리게 된 것을 후회하는 것이다.
- 대담성 후회: 내 연구는 물론이고 다른 연구에서도 무언가를 한 것보다 하지 않은 것에 대한 후회가 압도적으로 많이 나타난다. 우리는 우리가 한 것보다 하지 않은 것을 더 후회한다. 사업을 시작하지 않고 좋아하지도 않는 직장에 계속 다닌 것을 후회한다. 전 세계의 수많은 이들이 누군가에게 데이트 신청을 하지 않은 것을 후회한다.
- 관계성 후회: 누군가에게 다가가지 않았거나 인연을 계속 이어가지 못한 것에 대한 후회를 말한다. 네 가지 핵심 후회 중 가장 많이 발생한다. 이 후회에서 눈에 띄는 점은 일반적으로 관계가 멀어지는 계기가 그렇게 극적이지 않다는 것이다. 보통은 심하게 싸운 후

에 관계가 소원해진다고 생각하지만 사실 그런 경우는 드물다. 대부분은 어쩌다 멀어진다.

- 도덕성 후회: 어렸을 때 같은 학교에 다닌 아이들을 괴롭혔던 일을 후회하는 사람들이 굉장히 많다. 여덟 살 때 다른 아이를 괴롭힌 이야기를 하면서 눈물을 터뜨린 50대 여성도 있었다.

다니엘에 따르면 이러한 후회는 우리가 삶에서 원하는 것을 보여 준다. 그의 연구는 현명한 선택으로 기반을 구축하고 용기를 내어 대담한 행동을 하고 인간관계를 가꾸고 중시하고 도덕성과 연민을 가지고 행동해야 하는 중요성을 강조한다. 가장 흔한 후회가 무엇인지 알면 변화를 만들고 리마커블한 삶으로 나아갈 수 있다.

스테이시의 말을 귀담아들어라

- 끈기 있게 좌절을 이겨내고 목표를 달성하는 방법을 배우고 싶다.
- 실망스러운 일들을 힘차게 이겨낸 사람들에게 영감을 얻고 싶다.
- 목적을 찾고 세상을 바꾸기 위해 도움이 필요하다.

2023년 6월에 드디어 스테이시 에이브럼스와의 인터뷰가 성사되었다. 무려 2년 만의 결실이었다. (그녀를 내 팟캐스트에 출연시키려고 애쓰다가 결국 포기한다면 나중에 두고두고 후회할 것 같았다.) 스테이시는 정치인이자 정치운동가, 기업가, 작가다.

2020년 유권자 참여 확대를 위한 그녀의 노력 덕분에 조지아주에서 민주당 상원의원 두 명이 당선되었고 결과적으로 공화당이 상원을 장악하는 것을 막을 수 있었다. 미국의 민주주의를 살리고 인류가 한 걸음 뒤로 크게 퇴보하는 것을 막은 행동이었다.

언젠가 그녀는 대통령이 될지도 모르지만 2018년에 처음 조지아 주지사에 도전했다가 실패했고 2022년에도 고배를 마셨다. 미치 매코넬 상원의원의 말에 따르면 스테이시는 그래도 끈질기게 계속 도전할 것이다.

스테이시가 북 투어를 위해 산타크루즈를 방문했을 때 결국 우리 집에서 만남이 이루어졌다. 주지사에 당선된 그녀를 인터뷰할 수 있었다면 더없이 행복했겠지만 현실은 동화가 아니었다.

그녀가 주지사 선거에서 두 번 고배를 마신 것에도 긍정적인 측면이 있다면, 그녀가 어떻게 끈기 있게 좌절을 이겨냈는지 우리가 가르침을 얻을 수 있다는 것이다. 그 가르침은 모두에게 값진 교훈이 될 것이다.

그래서 나는 그녀에게 물었다. "어떻게 포기하지 않고 계속할 수 있죠? 어떻게 매일 아침 일어나 문을 박차고 나갈 수 있는 거예요?" 이 질문에 그녀는 이렇게 대답했다.

제가 중요하다고 믿는 게 세 가지 있어요. 첫째, 호기심을 가질 것. 질문을 하고 무언가가 왜 그런지 생각해 보는 거예요. 특히 나와 다른 의견에 대해서요. 그게 제가 글을 쓰는 이유이자 사업을 시작하고 조직을 설립하는 이유이기도 하죠. 정치를 하는 이유도 그거고요. 저는 호기심이 많아요. 우리는 세상에 대해 궁금해 할 필요가 있어요.

둘째, 문제를 해결할 것. 저는 뭔가 잘못된 걸 알면서도 아무것도 하지 않으면 너무 불편해요. 문제를 해결하려고 노력하는 게 중요하다고 생각해요. 저는 일을 해결하려고 노력합니다. 해내지 못할 수도 있다는 걸 알면서도 무조건 도전하고 보죠.

셋째, 좋은 일을 하는 것. 개인적으로는 가장 중요하게 여기는 부분입니다. 제 사명이기도 하고요. 세상을 위해 좋은 일을 하려고 노력하세요. 저는 매일 아침 이 세 가지를 생각해요. 호기

우리 집에서 이루어진 인터뷰가 끝난 후 나와 스테이시 에이브럼스가 손으로 샤카shaka(하와이와 서핑 문화에서 친근함을 표시하기 위해 사용되는 손동작 — 옮긴이)를 만들어 보이고 있다.

©Madisun Nuismer

심을 가질 것, 문제를 해결할 것, 좋은 일을 할 것.

스테이시가 전하는 이와 같은 조언은 이 책을 위한 완벽한 결말이다. '호기심을 가질 것'은 성장이고 '문제를 해결하라'는 그릿이며 '좋은 일을 하라'는 품격을 뜻하기 때문이다. 결국 이 세 가지는 세상을 바꾸는 리마커블한 사람이 되는 데 꼭 필요한 것들이다.

고개를 돌려 전속력으로 나아가라

- 필요한 것을 배웠으니 본격적으로 시작해 보고 싶다.

내가 삶의 마지막을 맞이할 때 듣고 싶은 말이 있다. 당신이 세상을 바꾸는 데 내가 조금이나마 도움을 주었다고. 지금까지 많은 이야기를 했으니 마지막은 리마커블한 사람이 되는 열 가지 팁으로 마무리하겠다.

1. 세상을 더 나은 곳으로 만들어라. 리마커블한 사람들은 그렇게 한다. 돈, 명성, 재산, 추종자들은 그 과정에서 우연히 따라올 뿐, 결코 우선순위가 될 수 없다.

2. 계속 성장하라. 리마커블한 사람들은 배움을 멈추지 않는다. 그들은 탐험을 계속하기에 따분해할 새가 없다. 그들은 목적지에 '도착'했거나 일이 다 '끝났다'고 생각하지 않는다.

3. 좋은 일을 하라. 이 짧은 한마디는 세상을 바꾸는 리마커블한 사람들을 정의한다. 당신이 살면서 이루고자 하는 일에 대한 개념적인 틀을 제공하는 말이다.

4. 씨앗을 되도록 많이 심어라. 도토리를 많이 심어도 참나무 몇 그루

밖에 자라나지 않는다. 어떤 씨앗에서 뿌리가 나올지, 어떤 씨앗을 사슴이 먹어 치울지, 어떤 씨앗이 튼튼하게 자라날지 절대로 알 수 없다.

5. 파도를 키워라. 세상을 더 나은 곳으로 만들려고 노력하는 사람에게 인생은 제로섬 게임이 아니다. 수위가 올라가면 모든 배들이 앞으로 나아가고 낮아지면 모두가 덩달아 침체된다.

6. 점들을 믿어라. 나중에 뒤돌아보아야만 점들이 어떻게 연결되는지가 보인다. 궁극적인 결과를 미리 알 수는 없다. 그러니 자신을 믿고 계속 노력하라.

7. 당신의 삶에 의미와 목적을 부여하는 일을 찾아라. 몇 년이 걸릴 수도 있고 중간에 바뀔 수도 있다.

8. 가치와 고유함을 추구하라. 꼭 필요한 일을 그 누구보다 잘하면 세상을 바꾸고 리마커블해질 수 있다.

9. 포기하지 마라. 일곱 번 넘어지면 여덟 번 일어나야만 성공할 수 있다. 어차피 성공하면 몇 번이나 실패했는지는 잊히기 마련이다. 현실적으로는 그릿이 재능을 이긴다.

10. 올바르고 도덕적인 길을 선택하라. 그곳은 리마커블한 사람들만 있으므로 인파로 바글거리지 않는다. 사실이 드러나기 전까지 일단은 사람들의 의도가 선하다고 믿어 주라는 뜻이다.

올바른 결정을 하지 말고 결정을 올바르게 하라. 제한된 데이터와 예측 불가능성으로 가득하고 빠르게 변하는 이 세상에서 올바른 결정을 내리기는 어렵다. 따라서 할 수 있는 최선을 다해 결정을 올바로 내리는 것에 집중해야 한다. 실행은 사유를 능가한다.

서핑할 때는 저 앞의 바다를 보면서 파도를 찾느라 대부분 시간을 보낸다. 파도가 썩 괜찮아 보이면 몸을 돌리고 그쪽으로 패들링paddling(서프보드 위에 엎드려 양손으로 물을 저어 앞으로 나가는 기술—옮긴이)한다. 이것을 '터닝 앤드 버닝turning and burning'이라고 한다. 이제 당신도 고개를 돌리고 파도를 향해 전속력으로 나아가야 한다. 있는 힘껏 나아가지 않으면 절대로 파도를 잡지 못한다.

참고하면 좋은 자료

스테이시 에이브럼스, 《우리의 시간은 지금이다: 공정한 미국을 위한 힘, 목적, 투쟁》.

세상에는 두 눈으로 보아야만 믿어지는 것들이 있다.

— 가이 가와사키

할림 플라워즈는 사회운동가이자 예술가다. 그는 16세에 그가 저지르지도, 돕지도, 사주하지도 않은 살인 누명을 쓰고 22년 간 교도소에서 복역했다. 교도소에 있는 동안 그는 미술가, 학자, 작가가 되었다. 제2의 장 미셸 바스키아라고 할 수 있다.

나는 그에게 목표를 이루기 위해 필요한 게 무엇인지 물어보았다. 그는 교도소에 있는 동안 많은 목표를 이룬 사람이기 때문이다. 그의 대답은 다음과 같았다.

리마커블한 사람은 어떤 역경이나 환경에서도 어떤 결과에 이르기 위해서 헌신한 사람이죠. 그들은 시간이 날 때마다 목표를 되새깁니다. 꼭 물리적으로 뭔가를 하지 않더라도 목표에 대해 생각하는 거예요. 머릿속으로 그리는 거죠.

그들은 대담하게도 자신을 사랑하기 때문에 자신의 시야에, 마음에, 영혼에, 혀에, 팔다리에 끊임없이 그 목표를 다시 놓고 다른 사람들에게는 보이지 않는 무언가를 향해 노력합니다. 그게 바로 리마커블한 사람이에요.

대개 명성에 대해 생각하지 않는 사람들이 명성을 얻는다.

— 올리버 웬델 홈스

내가 이 책을 쓰고 있을 때, 나의 서핑 친구 카론 로한은 다른 서퍼들에게 내가 어떤 사람인지 언급할 기회가 있었다. 그녀는 그들에게 내가 제인 구달 같은 게스트들이 출연하는 팟캐스트를 진행한다고 했다. 제인 구달의 이름을 꺼내면 내가 얼마나 대단한지 단번에 증명될 것 같아서였다.

그런데 아니었다. 그들은 제인의 이름을 들어 본 것 같기는 한데 확실히는 모르겠다고 했다. 나는 그 이야기를 전해 듣고 기절하기 직전만큼 놀랐다. 더불어 내가 누군가를 소개해도 그 이름이 상대에게 항상 통하지 않을 수도 있다는 사실을 깨달았다. 그래서 이 프로필 목록을 만들었다.

목록에서 〈리마커블 피플〉 팟캐스트에 게스트로 출연한 적 있는 사람들의 경우에는 옆에 따로 별 모양으로 표시를 해 두었다. 의도치 않은 검색 최적화를 통해 알게 된 사실인데, 구글에서 이 목록에 포함된 사람의 이름을 '리마커블 피플'과 함께 검색하면 팟캐스트 에피소드가 뜬다. 예를 들어, 구글에서 '데이비드 아커 리마커블 피플' 또는 '스테이시 에이브럼스 리마커블 피플'이라고 검색하면 된다.

- BJ 포그 BJ Fogg: 사회 과학자, 스탠퍼드대학교 연구 부교수. 스탠퍼드 행동 디자인 연구소의 설립자이자 책임자. 《작은 습관》 저자. ★
- C. P. 엘리스 C. P. Ellis: 전 KKK의 '의기양양한 사이클롭스'로 흑인 운동가 앤 앳워터와 우정과 파트너십을 맺었다.
- C. S. 루이스 C. S. Lewis: 기독교 옹호자이자 신학자. 《나니아 연대기》 저자.
- K. M. 디콜란드레아 K. M. DiColandrea: 교육자이자 토론팀 코치. 2022년 〈뉴욕 주이시 위크〉가 선정한 주목해야 할 36인 중 한 명. ★
- 개릿 맥나마라 Garrett McNamara: 끝내주는 빅 웨이브 서퍼. 세계에서 가장 큰 파도를 탄 서퍼로 신기록을 세웠다. ★

- 그레그 애벗 Greg Abbott: 정치인이자 변호사, 제48대 텍사스 주지사, 공화당.
- 그레이스 셔먼 Grace Sherman: 플로리다 뉴 칼리지 2023년 졸업생.
- 그레천 루빈 Gretchen Rubin: 팟캐스트 〈해피어〉 진행자. 《무조건 행복할 것》, 《오감의 인생》 등의 저자. ★
- 그레천 칼슨 Gretchen Carlson: 저널리스트이자 폭스 텔레비전 방송인, 여성 인권 운동가. 폭스 CEO였던 로저 에일스 Roger Ailes를 끌어내리는 데 힘을 보탰다. ★
- 그레타 툰베리 Greta Thunberg: 스웨덴의 환경운동가. 처음에는 기후를 위한 학교 파업으로 유명해졌다.
- 글로리아 스타이넘 Gloria Steinem: 페미니스트의 아이콘이자 저널리스트, 〈미즈〉 공동 창업자. 자미아 윌슨의 멘토.
- 나이절 캐머런 Nigel Cameron: 줄리아 캐머런의 상상 속 내면의 비판자.
- 낸시 톰슨 Nancy Thompson: MAGA 설립자. 우리가 보통 생각하는 그 MAGA가 아니라, 그레그 애벗에 반대하는 엄마들이라는 뜻의 MAGA다.
- 네이트 가와사키 Nate Kawasaki: 산타크루즈의 그래피티 아티스트이자 서퍼. 베스와 가이 가와사키의 아들.
- 넬슨 만델라 Nelson Mandela: 아파르트헤이트 반대 운동 지도자, 남아프리카공화국 대통령을 역임했다.
- 노라 존스 Norah Jones: 미국의 싱어송라이터, 재즈 뮤지션. 2003년 신인상을 포함해 그래미상 8회 수상자.
- 노헤미 가와사키 Nohemi Kawasaki: 산타크루즈의 서퍼, 대학생, 강아지 조련사. 베스와 가이 가와사키의 딸.
- 닐 펄버그 Neil Pearlberg: 팟캐스트 〈오프 더 립〉 진행자. 캘리포니아주 산타크

루즈에 사는 중급 스탠드업 패들 보더.

- 다니엘 핑크 Daniel Pink: 동기와 인간 행동 분야의 전문가. 《드라이브》, 《후회의 재발견》, 《파는 것이 인간이다》 등의 저자. ★

- 달라이 라마 Dalai Lama: 살아 있는 부처로 불리는 티베트 불교 지도자.

- 대니얼 부어스틴 Daniel Boorstin: 역사학자, 교수, 제12대 미국 의회도서관 관장. 《미국인들: 민주적 경험》으로 1974년 퓰리처상 수상.

- 대니얼 사이먼스 Daniel Simons: 시카고대학교 교수. '보이지 않는 고릴라' 영상으로 유명하다. 《당신이 속는 이유》 저자. ★

- 댄 라이언스 Dan Lyons: 작가, 저널리스트, 전 〈포브스〉 시니어 에디터, 〈뉴스위크〉 기자. 《입 닥치기의 힘》과 《천재들의 대참사》 저자. ★

- 데릭 시버스 Derek Sivers: 음악가, 서커스 공연자, CD 베이비 창업자. 《원하는 것은 무엇이든 Anything You Want》 저자. ★

- 데이나 서스킨드 Dana Suskind: 소아과 의사, 작가, 시카고 대학교의 TMW 조기 학습 + 공중 보건 센터 설립자 겸 공동 센터장. ★

- 데이브 에버트 Dave Ebert: 태평양 상어 연구 센터의 프로그램 책임자, 모스 랜딩 해양 연구소 연구원. 《세계의 상어들》 저자. ★

- 데이비드 골드먼 David Goldman: 감독, 평론가, 스탠퍼드 뉴 플레이 네트워크 설립자.

- 데이비드 아커 David Aaker: UC 버클리 하스 경영대학 명예교수, "브랜딩의 아버지'라고 불림. ★

- 데이비드 크린스키 David Krinsky: TV 방송 작가이자 프로듀서, 〈실리콘 밸리〉 공동 제작자.

- 데이비드 호그 David Hogg: 총기 규제 운동가, 파크랜드 고등학교 총기 난사 사건 생존자.
- 도널드 트럼프 Donald Trump: 제45대 미국 대통령, 한 번의 임기 동안 탄핵 소추 2회, 2023년 기준 기소되어 재판 중인 사건 4건, 수사 중인 혐의 91건. 공화당.
- 듀크 가와사키 Duke Kawasaki: 가이의 아버지.
- 라켈 윌리스 Raquel Willis: 트랜스젠더 권리 운동가, 작가,《활짝 피어나기 위해 따르는 위험: 삶과 해방에 대하여》저자. ★
- 로니 로트 Ronnie Lott: 프로 미식축구 선수, 샌프란시스코 포티 나이너스 팀에서 슈퍼볼 4회 우승, 퍼스트 팀 올 프로 8회 선발, 프로 볼 10회 선발. ★
- 로니트 위드먼-레비 Ronit Widman-Levy: TEDx팔로알토 총괄 프로듀서, 베이 에어리어 이스라엘 박물관 위원회 책임자.
- 로버트 치알디니 Robert Cialdini: '영향력의 대가'로 불리는 인물,《설득의 심리학》저자. ★
- 로이 야마구치 Roy Yamaguchi: 하와이 퓨전 요리의 선구자, 전 세계에 퍼져 있는 레스토랑 체인점 로이스의 창업자. ★
- 루스 베이더 긴즈버그 Ruth Bader Ginsburg: 미국 연방대법원 대법관(1993~2020), 여성 권리와 평등 옹호자.
- 루시 가와사키 Lucy Kawasaki: 가이의 어머니.
- 루이스 리키 Louis Leakey: 동아프리카 인류 기원을 연구한 영국의 고생물학자.
- 루이제트 베르톨 Louisette Bertholle: 프랑스인 셰프,《프랑스 요리의 기술》공저자.
- 루트비히 판 베토벤 Ludwig van Beethoven: 작곡가, 피아니스트.
- 리 클로 Lee Clow: 광고 크리에이티브 디렉터, 애플의 '1984' 광고로 유명하다.

- 리드 헤이스팅스Reed Hastings: 창업가, 사업가. 넷플릭스의 공동 창업자이자 회장, 전 CEO.
- 리사 레오폴드Lisa Leopold: 미들베리 국제학 연구소의 대학 예비 과정 영어 코디네이터, 미들베리의 전 부교수. ★
- 리애나 웬Leana Wen: 의사, 공중보건 전문가, 〈워싱턴 포스트〉 칼럼니스트, 볼티모어시 보건 위원. ★
- 리언 파네타Leon Panetta: 미국 정치인, 중앙정보국 국장, 국방부 장관, 하원의원을 지냈다. 민주당. ★
- 릭 루빈Rick Rubin: 음반 제작자, 데프 잼 레코딩스 공동 설립자. 《창조적 행위: 존재의 방식》 저자.
- 린-마누엘 미란다Lin-Manuel Miranda: 배우, 가수, 작곡가, 극작가, 그래미상, 퓰리처상 희곡 부문, 토니상 수상자. 대표작으로 〈해밀턴〉과 〈인 더 하이츠〉가 있다.
- 마거릿 애트우드Margaret Atwood: 《하녀 이야기》를 쓴 소설가, 시인, 수필가, 맨부커상 2회, 아서 C. 클라크상 수상자. ★
- 마거릿 오마라Margaret O'Mara: 역사학자, 워싱턴대학교 교수, 《더 코드》 저자. ★
- 마사 그레이엄Martha Graham: 현대 무용의 선구자.
- 마사 니뇨Martha Niño: 사회운동가이자 어도비의 학생 참여 커뮤니티 리더, 《아더 사이드》 저자. ★
- 마야 안젤루Maya Angelou: 시인, 회고록 작가, 인권 운동가, 《새장에 갇힌 새가 왜 노래하는지 나는 아네》 저자, 그래미상 수상자, 대통령 명예 훈장 수상자, 50개 대학 명예박사.

- 마오쩌둥 ^{Mao Zedong}: 중화인민공화국 건국의 아버지, 중국 공산당 지도자.
- 마이크 보이치 ^{Mike Boich}: 기술 기업가이자 벤처 투자가. 최초의 매킨토시 소프트웨어 에반젤리스트.
- 마이크 저지 ^{Mike Judge}: 〈비비스와 벗헤드〉 제작자, 〈킹 오브 더 힐〉, 〈실리콘밸리〉 공동 제작자.
- 마이클 G. 반 ^{Michael G Vann}: 캘리포니아주립대학교 새크라멘토 캠퍼스 역사학 교수, 《위대한 하노이 쥐 사냥》 저자.
- 마이클 델 ^{Michael Dell}: 억만장자 사업가, 델 데크놀로지스의 설립자이자 CEO.
- 마이클 모리츠 ^{Michael Moritz}: 벤처 투자가, 자선사업가, 작가, 전직 저널리스트, 세쿼이아 캐피털 파트너로 구글, 링크드인, 페이팔과 같은 기업에 투자했다.
- 마이클 젠킨스 ^{Michael Jenkins}: 글로벌 경영 컨설팅 키어니 파트너.
- 마크 A. 페이겐 ^{Marc A. Feigen}: 페이겐 어드바이저스 LLC의 설립자.
- 마크 래버턴 ^{Mark Labberton}: 목사, 전 풀러신학대학교 회장 겸 CEO. ★
- 마크 로버 ^{Mark Rober}: 발명가, STEM 전도사, 자폐 권리 운동가, 미국 항공우주국에서 화성 탐사선 큐리오시티 디자인에 참여했다. 엄청난 인기를 자랑하는 유튜브 교육 과학 채널 운영자. ★
- 마크 맨슨 ^{Mark Manson}: 블로거, 《신경 끄기의 기술》 저자. ★
- 마크 베니오프 ^{Marc Benioff}: 세일즈포스 공동 창업자, 회장, CEO. 〈타임〉 오너, 여름방학 때 애플에서 가이 가와사키의 인턴 사원으로 일했던 적이 있음. ★
- 마크 저커버그 ^{Mark Zuckerberg}: 메타 공동 창업자, 회장, CEO.
- 마틴 린드스트롬 ^{Martin Lindstrom}: 브랜딩 전문가, 비즈니스 혁신 전문가, 《구매학》 저자. ★

- 마하트마 간디 Mahatma Gandhi: 영국 통치에 반대한 인도 독립운동 지도자.
- 말랄라 유사프자이 Malala Yousafzai: 파키스탄 출신의 여성 교육 운동가이자 최연소 노벨상 수상자.
- 매디선 누이스머 Madisun Nuismer. 〈리마커블 피플〉 팟캐스트 제작자, 공동 저자, 깜짝 방문의 여왕, '롱 발리'의 최초 사례.
- 매릴린 메델부르-델피스 Marylène Delbourg-Delphis: 기술 부문 창업 기업가, 실리콘밸리의 철학자이자 사상가, 《유레카!를 넘어서》 저자.
- 맥스웰 프로스트 Maxwell Frost: 정치인, 사회운동가, 음악가. Z세대 최초 미국 하원의원, 민주당.
- 맥켄지 스콧 MacKenzie Scott: 자선사업가, 제프 베이조스의 전 부인, 바이스탠더 레볼루션 이사, 《루터 올브라이트의 시험》 저자.
- 맷 게이츠 Matt Gaetz: 타인의 몸매를 조롱하는 소름 끼치는 플로리다 하원의원, 공화당.
- 멜라니 퍼킨스 Melanie Perkins: 캔바의 공동 창업자이자 CEO. ★
- 미셸 오바마 Michelle Obama: 전 미국 영부인. 작가이자 건강한 생활 및 교육과 소녀들의 권리 옹호자.
- 미스티 메이-트리너 Misty May-Treanor: 비치발리볼 선수, 올림픽 3회 금메달리스트, 케리 월시 제닝스의 팀 동료.
- 미치 매코넬 Mitch McConnell: 미국 정치인. 켄터키주 상원 소수당 원내 총무, 공화당.
- 버니 샌더스 Bernie Sanders: 미국 정치인이자 운동가, 버몬트주 상원의원, 무소속.
- 베리 네일버프 Barry Nalebuff: 경영 이론가, 작가, 예일대학교 경영대학 경영학

교수, 《파이를 나눠라》 저자. ★

- 벳 네스미스 그레이엄 Bette Nesmith Graham: 기업가, 타자기 수정액 리퀴드 페이퍼 발명가.

- 보노 Bono: 아일랜드 출신의 싱어송라이터, 사회운동가, 자선사업가, 그룹 U2의 리드 보컬이자 작사가.

- 볼테르 Voltaire: 계몽주의 작가, 역사가, 철학자, 기독교에 대한 비판, 언론의 자유, 교회와 국가의 분리 지지로 유명하다.

- 브라이언 오버펠트 Brian Overfelt: 서퍼, 사진작가.

- 브랜디 채스테인 Brandi Chastain: 슈퍼스타 축구선수, 2회 올림픽 금메달리스트, FIFA 여자 월드컵 2회 챔피언. ★

- 브레네 브라운 Brené Brown: 휴스턴대학교 연구교수이자 팟캐스트 진행자, 《리더의 용기》 저자.

- 브렌다 유랜드 Brenda Ueland: 저널리스트이자 교사, 가이의 인생에 가장 큰 영향을 끼친 책 《글을 쓰고 싶다면》 저자.

- 빌 게이츠 Bill Gates: 마이크로소프트 공동 창업자, 자선사업가.

- 빌 조이 Bill Joy: 기술 선구자, 선 마이크로시스템즈 공동 창업자.

- 빌 클린턴 Bill Clinton: 제42대 미국 대통령, 민주당.

- 사라 프레이 Sarah Frey: 프레이 팜스 CEO 겸 오너, 늑대거북 훈련사, 《그로잉 시즌》 저자.

- 살 칸 Sal Khan: 교육자, 칸 아카데미의 설립자. 배우 겸 프로듀서인 나디아 칸의 사촌. ★

- 샘 와인버그 Sam Wineburg: 스탠퍼드대학교 교육학과 역사학 명예교수, 스탠퍼

드 교육 그룹 설립자.《확인》저자. ★

- 서지 코발레스키 Serge Kovaleski: 〈뉴욕 타임스〉탐사보도 기자, 엘리엇 스피처 성매매 사건과 이라크 전쟁, 트럼프 행정부를 취재한 것으로 널리 알려졌다.
- 셸리 아샹보 Shellye Archambeau: 여성 사업가, 전 메트릭스트림 CEO.《당당하게 야망을 가져라》저자. ★
- 소크라테스 Socrates: 서양 철학의 창시자로 평가받는 고대 그리스 철학자.
- 숀 톰슨 Shaun Tomson: 1977년 세계 서핑 선수권대회에서 우승한 프로 서퍼. 《서퍼와 현자》저자. ★
- 스탠리 A. 맥크리스털(Stanley A. McChrystal): 은퇴한 4성급 장군. 2009~2010년에 아프가니스탄 주둔 미군과 나토군 사령관을 지냈다.《리스크》저자. ★
- 스탠리 안드리세 Stanley Andrisse: 내분비학자, 하워드 대학교 의과대학 조교수. 《교도소 감방에서 박사 학위까지: 옳은 일을 하기에 늦은 때란 없다》저자. ★
- 스테이시 에이브럼스 Stacey Abrams: 조지아 출신 정치인이자 사회운동가, 소설가, 논픽션 작가. 민주당. ★
- 스티브 워즈니악 Steve Wozniak: 애플의 공동 창업자, 세그웨이 폴로 선수. ★
- 스티브 잡스 Steve Jobs: 애플 공동 창업자. 픽사 애니메이션 스튜디오 회장 겸 CEO. 월트 디즈니 컴퍼니 이사.
- 스티븐 새슨 Steven Sasson: 1975년에 최초로 디지털카메라를 발명한 전기공학자. 미국 발명가 명예의 전당 회원.
- 스티븐 스필버그 Steven Spielberg: 〈조스〉, 〈E. T.〉, 〈쉰들러 리스트〉등을 만든 영화 제작자이자 감독, 아카데미상 3회, 프라임타임 에미상 12회, 골든글로브상 9회 수상.

- 스티븐 울프럼 Stephen Wolfram: 컴퓨터 과학자, 이론물리학자, 저자, 창업가, 울프럼 매스매티카와 울프럼알파의 창업자, 맥아더 펠로십 최연소 수상자. ★
- 스티븐 핑커 Steven Pinker: 인지심리학자, 심리언어학자, 교수, 《지금 다시 계몽》 저자. ★
- 스티븐 호킹 Stephen Hawking: 21세에 근위축성측색경화증(루게릭병)을 진단받은 이론물리학자, 우주학자.
- 시몬 베크 Simone Beck: 프랑스인 요리사. 《프랑스 요리의 기술》 공저자.
- 써니 발와니 Sunny Balwani: 테라노스 사장 겸 최고 운영 책임자. 2022년에 금융 사기 및 공모 혐의로 유죄판결을 받고 FCI 터미널 아일랜드 교도소 수감번호 24965-111번이 되었다.
- 아멜리아 에어하트 Amelia Earhart: 선구적인 항공기 조종사, 여성 비행사로서 최초로 대서양 단독 비행에 성공했다.
- 아틀라스 스콧 박사(Dr. Atlas Scott): 전 백악관 코로나 고문관(트럼프 행정부에서 일했다. '고문관' 호칭은 광범위하게 사용), 스탠퍼드 방사선과 의사.
- 안네 프랑크 Anne Frank: 독일 태생의 작가, 홀로코스트 희생자, 《안네의 일기》 저자.
- 안드레아 라이틀 피트 Andrea Lytle Peet: 사회운동가, 운동선수, 루게릭병을 진단받은 후 미국 50개 주에서 모두 마라톤을 완주했다. 팀 드레아 재단 공동 설립자. ★
- 안톤 와렌드 Anton Warendh: 페이겐 어드바이저스 LLC의 최고 운영 책임자.
- 알랭 로스먼 Alain Rossman: 매킨토시 팀의 세 번째 소프트웨어 에반젤리스트, 9개 기술 회사의 창업자.

- 알베르트 아인슈타인 Albert Einstein: 상대성이론을 발표한 물리학자.
- 앙헬 마르티네스 Angel Martinez: 리복 인터내셔널 전 최고 마케팅 책임자, 부사장, 킨, 데커 브랜드, 록포트 CEO 역임.
- 앤 앳워터 Ann Atwater: 노스캐롤라이나의 인권 운동가. 흑인과 백인이 공동의 선을 위해 협력할 수 있음을 보여 주었다.
- 앤드루 짐먼 Andrew Zimmern: 요리사, TV 방송인, 음식 전문 작가, 〈앤드루 짐먼과 함께하는 이상한 음식〉 진행자. ★
- 앤절라 더크워스 Angela Duckworth: 맥아더 펠로. 펜실베이니아대학교 심리학 교수. '그릿의 어머니'이자 《그릿》 저자. ★
- 앨 고어 Al Gore: 정치인, 환경운동가, 전 미국 부통령. 기후변화에 관한 그의 슬라이드쇼는 다큐멘터리 〈불편한 진실〉이 되었다. 민주당.
- 앨런 럭스 Alan Luks: 포덤대학교 비영리 리더십 센터의 명예 센터장, 《선행에 담긴 치유력》 공동 저자.
- 에드윈 랜드 Edwin Land: 과학자, 발명가, 폴라로이드 코퍼레이션 공동 창업자, 즉석 카메라 폴라로이드를 발명한 것으로 유명하다.
- 엑토르 가르시아 Hector Garcia: 소프트웨어 엔지니어, 《이키가이》 저자. ★
- 엘렌 랭어 Ellen Langer: 미국의 심리학자이자 작가, 노화와 마음 챙김의 심리학에 관한 연구로 유명하다. ★
- 엘리자베스 그루너 Elisabeth Gruner: 버지니아주 리치먼드 로즈대학교 영어 교수. ★
- 엘리자베스 홈스 Elizabeth Holmes: 테라노스의 설립자. 2022년에 사기죄로 유죄판결을 받고 텍사스주 브라이언 연방 교도소 수감 번호 24965-111이 되었다.

- 예수 Jesus: 하느님의 아들.

- 오프라 윈프리 Oprah Winfrey: 토크쇼 진행자, 배우, 프로듀서, 작가, 자선사업가.

- 올리버 웬델 홈스 Oliver Wendell Holmes: 의사, 시인, 작가, 인간의 조건에 대한 견해가 담긴 글로 유명하다.

- 올리비아 줄리아나 Olivia Julianna: 미국 텍사스 출신의 용맹한 정치운동가, 낙태 권리 옹호자. ★

- 완다 하딩 Wanda Harding: 과학, 수학, 물리 강사, 미국 항공우주국의 미션 매니저. 탐사선 큐리오시티를 화성으로 보내는 임무를 감독했다. ★

- 월터 아이작슨 Walter Isaacson: 스티브 잡스, 아인슈타인, 다빈치, 벤저민 프랭클린, 일론 머스크 등의 전기 작가.

- 월트 디즈니 Walt Disney: 애니메이터, 영화제작자, 사업가, 월트 디즈니 컴퍼니 설립자.

- 윌라 알프레다 캠벨-윌슨 Willa Alfreda Campbell-Wilson: 인종, 페미니스트, 의사소통 문제 사회운동가이자 교육자, 임상의.

- 윌리엄 아서 워드 William Arthur Ward: 동기부여 작가이자 사상가. 〈포트워스 스타-텔레그램〉에 칼럼 '적절한 속담 Pertinent Proverbs'을 게재했다.

- 윌리엄 유리 William Ury: 인류학자이자 협상 전문가, 하버드 협상 과정 공동 설립자, 《YES를 이끌어내는 협상법》 저자.

- 유리 그니지 Uri Gneezy: 캘리포니아 대학교 샌디에이고 캠퍼스 경영대학 행동경제학 교수.《뒤섞인 신호: 보상의 진짜 원리》 저자. ★

- 일라이자 커밍스 Elijah Cummings: 정치인이자 인권 옹호자, 전직 하원의원. 리애나 웬의 멘토. 민주당.

- 자미아 윌슨^{Jamia Wilson}: 페미니스트 운동가, 편집자, 뉴욕시립대학교의 페미니스트 출판사의 이사이자 발행인을 지냈다.《힘을 합치는 우리》저자. ★

- 제니카 웹스터^{Jennica Webster}: 마케트대학교 여성 리더십 연구소 소장, 경영학과 부교수.

- 제이컵 마르티네스^{Jacob Martinez}: 캘리포니아주 왓슨빌에 있는 디지털 네스트의 책임자.

- 제인 구달^{Jane Goodall}. 영장류학자, 인류학자, 제인 구달 연구소 설립자. ★

- 제인 폰다^{Jane Fonda}: 배우, 사회운동가, 리복 에어로빅 슈즈 얼리 어댑터. 아카데미상 2회, 골든글로브상 7회 수상자.

- 제프 베이조스^{Jeff Bezos}: 아마존의 창업자이자 CEO.

- 제프리 코헨^{Geoffrey Cohen}: 스탠퍼드대학교 심리학 교수이자 교육학 교수.《소속감》저자. ★

- 조 바이든^{Joe Biden}: 제46대 미국 대통령, 민주당 소속.

- 조 찬스^{Zoe Chance}: 예일대학교 경영대학 교수, 연구원, 기후변화 자선사업가,《영향력은 슈퍼파워》저자. ★

- 조 포스터^{Joe Foster}: 리복 공동 창업자,《슈메이커: 세계적인 브랜드가 된 영국 가족 회사의 숨겨진 이야기》저자. ★

- 조나 버거^{Jonah Berger}: 와튼 스쿨 마케팅학 교수,《컨테이저스》와《보이지 않는 영향력》저자. ★

- 조너선 코니어스^{Jonathan Conyers}: 브루클린 토론 리그 이사,《나는 여기 있으면 안 되었다》저자. ★

- 조던 카살로^{Jordan Kassalow}: 검안사, 사회적 기업가,《대담하게 중요해져라》

저자.

- 조셉 로버슨Joseph Roberson: 캘리포니아 귀 연구소 CEO 겸 경영 파트너. 스탠
퍼드대학교 이과 및 신경과 두개골 기반 수술팀 전임 책임자, 가이 가와사키
의 머리를 열었다.

- 조셉 아멘돌라Joseph Amendola: 요리사, 로이 야마구치의 멘토, 《제빵의 이해:
제빵의 예술과 과학》 저자.

- 조애나 호프먼Joanna Hoffman: 애플의 초기 마케팅 임원이자 매킨토시 팀원.

- 조지 슐츠George Shultz: 경제학자, 정치인, 외교관, 레이건 행정부의 국무부 장
관. 테라노스 이사.

- 조지 타케이George Takei: 개성파 배우(〈스타트랙〉에서 조타수 히카루 술루로 유명!),
LGBTQ(성소수자)+ 권리 운동가.

- 존 더튼John Dutton: TV 시리즈 〈옐로우 스톤〉에서 케빈 코스트너가 연기하는
목장 주인.

- 존 레넌John Lennon: 싱어송라이터, 비틀스 멤버.

- 존 로크John Locke: 철학자, 의사, 가장 영향력 있는 계몽주의 사상가 중 한 명
으로 평가받는다.

- 존 알트슐처John Altschuler: TV 방송 및 영화 작가 겸 프로듀서, 〈실리콘 밸리〉
공동 기획.

- 존 추Jon Chu: 〈크레이지 리치 아시안〉, 〈인 더 하이츠〉, 〈위키드〉 프로듀서, 각
본가, 감독. ★

- 존 콘웨이John Conway: 테슬라 오너, 이혼 변호사, 서퍼, 수많은 실리콘 밸리 기
업가들의 재산을 반으로 분할함, 럼피아 보조 요리사.

- 줄리 리스콧–헤임스 Julie Lythcott-Haims: 연사, 사회운동가, 전 스탠퍼드대학교 학과장, 팔로알토 시의회 의원, 《어른을 키우는 방법》 저자. ★
- 줄리아 차일드 Julia Child: 요리사, 텔레비전 방송인, 《프랑스 요리의 기술》 공동 저자.
- 줄리아 캐머런 Julia Cameron: 예술가이자 교사, 《아티스트 웨이》 저자. ★
- 지니 로메티 Ginni Rometty: IBM 최초의 여성 CEO, 기술 산업계의 다양성과 포용성 옹호자. ★
- 짐 브라운 Jim Brown: 프로 미식축구 선수, 배우, 사회운동가, NFL 역사상 가장 위대한 러닝백으로 평가받는 선수, 로니 로트의 멘토.
- 찬드리카 탄돈 Chandrika Tandon: 인도계 미국인 여성 최초 맥킨지 앤 컴퍼니 파트너, 그래미상 후보에 오른 음악가, 링컨 공연예술센터 이사. ★
- 카론 로한 Karon Rohan: 유나이티드 조종사, 부서지는 파도를 지배하는 서퍼.
- 카멀라 해리스 Kamala Harris: 미국 부통령, 전 캘리포니아 상원의원. 민주당.
- 카티나 소여 Katina Sawyer: 애리조나대학교 엘러 경영대학 경영학 부교수.
- 캐럴 드웩 Carol Dweck: '성장 마인드셋의 어머니', 스탠퍼드대학교 심리학 교수. 가이 가와사키의 인생에 두 번째로 큰 영향을 끼친 책 《마인드셋》 저자. ★
- 캐머런 애덤스 Cameron Adams: 캔바 공동 창업자이자 최고 제품 책임자.
- 캐서린 프라이스 Catherine Price: 미국 저널리스트, 《스마트폰과 헤어지는 법》 저자. ★
- 캔디스 라이트너 Candace Lightner: 음주운전을 반대하는 엄마들 MADD 설립자.
- 케리 월시 제닝스 Kerri Walsh Jennings: 프로 비치발리볼 선수, 올림픽 금메달 3개, 올림픽 동메달 1개 획득. ★

- 케이드 매시^{Cade Massey}: 와튼 스쿨 경영, 정보, 의사 결정학과 실무 교수, 와튼 피플 애널리틱 공동 책임자.
- 케이티 밀크먼^{Katy Milkman}: 와튼 스쿨의 행동경제학 교수, 《슈퍼 해빗》 저자. ★
- 켄 로빈슨^{Ken Robinson}: 작가, 연사, 교육 전도사로 창의적이고 포괄적인 교육 접근법을 주장했다. ★
- 켈리 깁슨^{Kelly Gibson}: 오리건주 로그 리버 고등학교 영어 교사, 가이 가와사키에게는 Z세대 조련사. ★
- 콜린 브라이어^{Colin Bryar}: 비즈니스 컨설턴트, 아마존 제프 베이조스의 최고 참모. 《순서 파괴》 저자. ★
- 크레이그 트룬스^{Craig Trounce}: 고객에게 매장의 이전 업체로부터 구매한 타이어를 환불해 준 노드스트롬 직원.
- 크리스 버티시^{Chris Bertish}: 빅 웨이브 서퍼, 패들 보더, 모험가, 동기부여 연사, 스탠드업 패들 보드로 혼자 대서양을 건넜다. ★
- 크리스 웹스터^{Chris Webster}: 실리콘 밸리의 리무진 운전사, 그의 장례식에 캐럴 드웩이 참석했다. 《어느 운전기사의 고백》 저자.
- 크리스천 소로굿^{Christian Thoroughgood}: 조지아주립대학교 J. 맥 로빈슨 경영대학 경영학과 조교수.
- 크리스토퍼 차브리스^{Christopher Chabris}: 교수이자 연구 심리학자, 《보이지 않는 고릴라》 공동 저자.
- 크리스티 야마구치^{Kristi Yamaguchi}: 피겨스케이팅 선수, 작가, 연사, 사회운동가, 댄서, 1992년 동계올림픽 피겨스케이팅 금메달리스트, 2008년 〈댄싱 위드 더 스타〉 우승자. ★

- 클로드 레비-스트라우스 Claude Lévi-Strauss: 20세기 프랑스 인류학자로 문화, 종교, 사회 조직 분야의 가장 영향력 있는 사상가 중 한 명이다.

- 클리프 오브레히트 Cliff Obrecht: 캔바의 공동 창업자이자 최고 운영 책임자.

- 타일러 슐츠 Tyler Shultz: 엘리자베스 홈스와 서니 발와니가 창업한 혈액 검사 스타트업 테라노스의 사기를 폭로한 내부 고발자, 조지 슐츠의 손자. ★

- 템플 그랜딘 Temple Grandin: 동물 과학자, 자폐가 있는 사람들을 대변하는 옹호자, 저자. ★

- 토니 파델 Tony Fadell: 엔지니어, 기업가, 아이팟과 아이폰, 네스트 온도조절기를 디자인했다. 《빌드》 저자. ★

- 토머스 그레이 Thomas Gray: 계몽 시대의 영국 시인, 대표작은 〈어느 시골 교회의 묘지에서 쓴 비가〉.

- 톰 피터스 Tom Peters: 경영 컨설턴트, 연사, 로버트 H. 워터맨 주니어와 《초우량 기업의 조건》을 집필했다. ★

- 팀 쿡 Tim Cook: 애플 최고 경영자, 최초로 커밍아웃한 〈포춘〉 500대 기업 CEO.

- 파블로 피카소 Pablo Picasso: 화가, 조각가, 판화가, 도예가, 무대 디자이너, 시인, 극작가.

- 폴 반 도렌 Paul Van Doren: 반스의 공동 창업자, 혁신적인 신발로 스케이트보드의 세계와 청소년 문화에 지대한 영향을 미쳤다.

- 폴 셰럴 Paul Sherrell: 테네시주 하원의원, 공화당.

- 폴 쿠싱 차일드 Paul Cushing Child: 외교관, 작가, 화가.

- 프레드릭 조셉 Frederick Joseph: 사회운동가, 자선사업가, 《흑인 친구》와 《가부

장제 블루스》저자. ★

- 피터 가브리엘Peter Gabriel: 작곡가, 음악가, 음반 제작자, 프로그레시브 록 밴드 제네시스의 리드 싱어.

- 하벤 길마Haben Girma: 서퍼, 청각장애인 권리 옹호자이자 청각장애인 최초로 하버드 법대를 졸업했다. ★

- 할림 플라워즈Halim Flowers: 작가, 예술가, 누명을 쓰고 22년 동안 교도소에서 복역했다.

현명한 사람은 올바른 답을 하는 것이 아니라 올바른 질문을
한다.

— 클로드 레비 스트라우스

데이비드 아커, 제니퍼 아커Jennifer Aaker, 스테이시 에이브럼
스, 제이슨 아쿠나Jason Acuna, 데이비드 앰브로즈David Ambroz, 스
탠리 안드리세, 시난 아랄Sinan Aral, 오드리 아비니Audrey Arbeeny,
셸리 아샹보, 마거릿 애트우드, 수지 바티즈Suzy Batiz, 맥신 베
다트Maxine Bedat, 마크 베니오프, 리처드 브누아Richard Benoit, 조
나 버거Jonah Berger, 멜리사 번스타인Melissa Bernstein, 크리스 버티

시, 존 비웬John Biewen, 가브리엘 블레어 Gabrielle Blair, 켄 블랜차드Ken Blanchard, 스티브 블랭크 Steve Blank, 조나 볼러 Jonah Boaler, 티파니 보바Tiffani Bova, 콜린 브라이어, 조나 버거 Jonah Burger, 수잔 케인Susan Cain, 줄리아 캐머런, 그레천 칼슨Gretchen Carlson, 스티브 케이스Steve Case, 조 챈스Zoe Chance, 그레천 채프먼Gretchen Chapman, 브랜디 채스테인, 로버트 체스너트Robert Chesnut, 존 추, 돌리 추Dolly Chugh, 로버트 치알디니, 셰인 클레이본Shane Claiborne, 도리 클라크Dorie Clark, 제프 코헨, 세실리아 콘래드Cecelia Conrad, 조너선 코니어스Jonathan Conyers, 애덤 커리Adam Curry, 더그 드뮤로Doug DeMuro, 에리카 다완Erica Dhawan, 레베카 듀보이스Rebecca DuBois, 앤젤라 더크워스, 존 리 뒤마John Lee Dumas, 캐럴 드웩, 에스더 다이슨Esther Dyson, 데이브 에버트, 에이미 에드먼슨Amy Edmondson, 커트 아이헨발트Kurt Eichenwald, 파멜라 엘리스Pamela Ellis, 에이미 에렛Amy Errett, 데이브 에반스Dave Evans, 토니 파델, 키스 페라지Keith Ferrazzi, 팀 페리스Tim Ferriss, 캐스린 피니Kathryn Finney, 아일렛 피시바흐Ayelet Fishbach, 할림 플라워즈, 팻 플린Pat Flynn, BJ 포그, 조 포스터, 라타냐 맵 프렛Latanya Mapp Frett, 사라 프레이Sarah Frey, 발레리 프리들랜드Valerie Fridland, 줄리엣 펀트Juliet Funt, 스콧 갤러웨이Scott Galloway, 엑토르 가르시아, 케일럽 가드너Caleb Gardner, 헨리

지Henry Gee, 낸시 지아니 Nancy Gianni, 켈리 깁슨Kelly Gibson, 다리오 길Dario Gil, 하벤 기르마, 유리 그니지, 세스 고딘Seth Godin, 카라 골딘Kara Goldin, 마셜 골드스미스Marshall Goldsmith, 제인 구달, 사라 스타인 그린버그Sarah Stein Greenberg, 엘리자베스 그루너, 마우로 기옌Mauro Guillén, 완다 하딩, 메흐디 하산Mehdi Hasan, 프랜 하우저Fran Hauser, 데이비드 허슬러David Haussler, 제프 호킨스Jeff Hawkins, 파멜라 홀리Pamela Hawley, 캐시 홈스Cassie Holmes, 휴 호이Hugh Howey, 아리아나 허핑턴Arianna Huffington, 마이클 하야트Michael Hyatt, 데이비드 이게David Ige, 아이저스틴iJustine, 엠마 아이작스Emma Isaacs, 바바라 젠킨스Barbara Jenkins, 루비아 아자이 존스Luuvia Ajayi Jones, 프레더릭 조셉, 올리비아 줄리아나, 니킬 카마스Nikhil Kamath, 조디 칸토르Jodi Kantor, 코디 키넌Cody Keenan, 패트리스 키트Patrice Keet, 팀 켄달Tim Kendall, 데이브 & 더그 켄드릭스Dave & Doug Kenricks, 제니퍼 컨스Jennifer Kerns, 살 칸, 제롬 킴Jerome Kim, 킴 코만도Kim Komando, 로렌 쿤제Lauren Kunze, 민 킴Min Kym, 마크 래버튼, 멜리사 라홈디외Melissa LaHommedieu, 엘렌 랭어, 리사 레오폴드, 재키 루이스Jacqui Lewis, 닐 A. 루이스 주니어, 도미닉 리벤Dominic Lieven, 제니퍼 림Jennifer Lim, 마틴 린드스트롬, 존 리스트John List, 테일러 로렌즈Taylor Lorenz, 로니 로트, 댄 라이언스, 줄리 리스콧 헤임스, 캐서

린 마허Katherine Maher, 마크 맨슨, 템플 마슬라크Temple Maslach, 크리스티나 마슬라크Christina Maslach, 르네 마보안Renée Mauborgne, 스탠 맥스리스털, 글래디스 맥개리Gladys McGarey, 시드 & 셰아 맥기Syd & Shea McGee, 제인 맥고니걸Jane McGonigal, 개릿 맥나마라, 크리스 메시나Chris Messina, 케이티 밀크먼, 캐런 멀라키Karen Mullarkey, 비벡 머시Vivek Murthy, 베리 네일버프, 실라 나자리안Sheila Nazarian, 마사 니뇨, 랜디 노넨버그Randy Nonenberg, 돈 노먼Don Norman, 마거릿 오마라, 폴 오이어Paul Oyer, 줄리 패커드Julie Packard, 니콜 페이먼트Nicole Paiement, 리언 파네타Leon Panetta, 에이브러햄 파스코위츠Abraham Paskowitz, 조시 펙Josh Peck, 토르비욘 페데르센Torbjørn Pedersen, 안드레아 라이틀 피트, 멜라니 퍼킨스, 톰 피터스, 다니엘 핑크, 스티브 핑커, 캐서린 프라이스, 디파 후루쇼타만Deepa Purushothaman, 스티브 파인Stephen Pyne, 앤 리모인Anne Rimoin, 마크 로버, 켄 로빈슨, 레베카 롤랜드Rebecca Rolland, 글로리아 로메로Gloria Romero, 지니 로메티, 로버트 로젠버그, 그레천 루빈, 피터 사갈Peter Sagal, 패티 산체스Patti Sanchez, 제레미 샌포드Jeremy Sanford, 테드 스캠보스Ted Scambos, 앙투아네트 쇼아Antoinette Schoar, 마크 슐먼Mark Schulman, 디온 시어시Dionne Searcy, 타일러 슐츠, 제리 실버Jerry Silver, 대니얼 사이먼스, 마이크 신야드Mike Sinyard, 데

릭 시버스, 록 스몰란Rock Smolan, 마사 스튜어트Martha Stewart, 데이나 서스킨드, 찬드리카 탄돈, 도리스 테일러Doris Taylor, 폴 서룩스Paul Theroux, 숀 톰슨Shaun Tomson, 닐 디그래스 타이슨Neil deGrasse Tyson, 게리 베이너추크Gary Vaynerchuk, 제시카 웨이드Jessica Wade, 진 와타츠키Jeanne Wakatsuki, 로버트 월딩어Robert Waldinger, 케리 월시 제닝스Kerri Walsh Jennings, 짐 웨버Jim Weber, 티나 웰스Tina Wells, 리애나 웬, 앨든 위커Alden Wicker, 라켈 윌리스, 자미아 윌슨, 칩 윌슨Chip Wilson, 샘 와인버그, 데이브 와이너Dave Winer, 에스더 보이치키Esther Wojcicki, 스티븐 울프럼, 스티브 워즈니악, 올림피아 예거Olympia Yager, 로이 야마구치, 크리스티 야마구치, 앤드루 양Andrew Yang, 린다 장Linda Zhang, 필 짐바르도Phil Zimbardo, 앤드루 짐먼.

감사함을 느끼고도 표현하지 않는 것은 선물을 포장해 놓고 주
지 않는 것과 같다.

— 윌리엄 아서 워드

마할로^{mahalo}(감사를 표현할 때 사용하는 하와이어-옮긴이) 또는
감사의 말은 책에서 가장 먼저 읽어야 할 부분이라고 생각한다.
한 권의 책이 만들어지기까지 얼마나 많은 시험과 편집, 심사숙
고가 이루어지는지 잘 드러나지 않기 때문이다.

하지만 내 책에서는 반드시 고마운 이들을 짚고 넘어가려고
한다. 다음은 이 책의 개념화, 연구, 집필, 편집, 제작에 도움을

준 사람들이다.

우선 켈리 깁슨에게 감사의 마음을 전한다. 나는 우연히 〈와이어드〉에서 챗GPT가 고등학교 교육에 미치는 영향에 관한 기사를 읽게 되었다. 그 기사의 주인공은 오리건주 로그 리버의 켈리 깁슨이었다. 그녀의 이야기에 깊이 감명받은 나머지 나는 그녀를 내 팟캐스트에 초대했다. 그녀의 선행은 계속 이어져 그녀는 내가 Z세대도 공감할 수 있는 책을 쓸 수 있도록 도와주었다. 그녀가 없으면 절대로 불가능했을 일이다.

리사 레오폴드에게도 감사의 인사를 전한다. 나는 지금까지 16권의 책을 썼다. 그동안 수많은 이들이 초고를 읽고 피드백을 주었다. 그중에서도 리사는 최고이자 최초의 독자였다. 그녀는 디테일을 잡아내는 매의 눈과 탁월한 논리적 사고 능력을 지녔다. 그녀는 사과의 기술에 관한 전문가이기도 하다.

내 부탁으로 초고를 몇 번이나 읽고 수십 개나 되는 제목과 부제, 표지 중에서 의견을 주어야 했던 사람들이 있다. 매번 열정과 통찰력, 깊은 애정을 보여준 사람들이다. 존 '지안' 콘웨이 John 'Jian' Conway는 이 책의 제목을 지어 주었다. 조애나 '징크 페이스' 마나 Joana 'Zinc Face' Mana, '치과의사' 마크 니시무라 'the Dentist' Mark Nishimura, '삼촌' 트로이 오베로 'Uncle' Troy Obero, 신시아 '레이디 빙' 토머스 Cynthea 'Lady Bing' Thomas. 발레리아 프리들랜드 Valeria Fridland도 그에 못지않은 도움을 주었다. 그리고 이 사람들도 빠뜨릴 수 없다. 무스타파 암마르 Mustafa Ammar, 칩 벨 Chip Bell, 나다 콘웨이 Nadja Conway, 팀 코트렐 Tim Cottrell, 앤서니 데트로 Anthony Detro, 마이클 디트마르 Michael Dittmar, 로렌 엔즈 Lauren Enz, 닌즈 팔레아피네 Neenz Faleafine, 킴버 팔킨버그 Kimber Falkinburg, 캐스린 헨켄스 Kathryn Henkens, 에린 홀트 Erin Holt, 크리스티 허튼 Christy Hutton, 베스 가와사키 Beth Kawasaki, 닉 가와사키 Nic Kawasaki, 노헤미 가와사키, 사쿠라 가와사키 Sakura Kawasaki, 스튜어트 로드 Stuart Lord, 짐 라이언스 Jim Lyons, 루이스 마가나 Luis Magana, 브루나 마르티누지 Bruna Martinuzzi, 빌 미드 Bill Meade, 알렉시스 니시무라 Alexis Nishimura, 테사 누이스머 Tessa Nuismer, 데보라 파그노타 Deborah Pagnota, 앨리슨 파크스 Alison Parks, 에밀리 앤 필라리 Emily Ann Pillari, 조지 필라리 George Pillari, 조시 레펀 Josh Reppun, 멜리사 리처즈 Melissa Richards, 카론 로한 Karon Rohan, 리암 로한 Liam Rohan, 에릭 슈나이더 Eric Schneider, 댄 사이먼스 Dan Simons, 크레이그 스타인 Craig Stein, 루스 스티븐스 Ruth Stevens, 제이슨 졸로메이어 Jason Szolomayer, 카를로스 톰슨 Carlos Thompson, 대니엘 '행 텐' 웨스트 Danielle 'Hang Ten' West.

2023년 한여름, 나의 출판계 인맥이 증발해 버렸고 나는 첫 책에 도전하는 초짜 작가로 돌아가 버렸다. 그때 갑자기 레아 자라Leah Zarra에게 이메일이 왔다. 와일리 출판사에서 책을 써 볼 생각이 없느냐고 물었다. 레아가 아니었다면 이 책은 세상에 존재하지 못했을 수도 있다.

레아와 와일리의 리마커블한 사람들이 없었다면 이렇게 멋 진 책이 나오지 못했을 것이다. 그들은 사이먼 에클리(Simon Eckley,) 마이클 프리드버그Michael Friedberg, 에이미 핸디Amy Handy, 줄리 커Julie Kerr, 에이미 라우디카노Amy Laudicano, 가브리엘라 만 쿠소Gabriela Mancuso, 지넨 레이Jeanenne Ray, 데보라 쉰들라Deborah Schindlar, 수가니아 셀바라Suganya Selvaraj, 섀넌 바고Shannon Vargo다. 크리스 월리스Chris Wallace는 리마커블한 표지를 만들어 주었다. 모두에게 깊은 감사를 드린다.

글을 쓸 때 '인공지능'을 사용한다는 사실을 숨기는 저자들 도 있지만 나는 전혀 거리낌이 없다. 바드Bard, 클로드Claude, 챗 GPT, 퀼봇Quillbot을 사용했다. 덕분에 이 책의 품질이 더 나아졌 다고 굳게 믿는다.

〈리마커블 피플〉 팟캐스트를 세상에 나오게 해 주고 이 책 도 빛을 보게 해 준 제품들이 있다. 디스크립트Descript, 하일Heil, 레브Rev, 로드Rode, 스쿼드캐스트SquadCast가 그것들이다. 〈리마커블 피플〉 팟캐스트 팀원들, 섀넌 에르난데스Shannon Hernandez, 알렉시스 니시무라Alexis Nishimura, 제프 시Jeff Sieh, 팰런 예이츠Fallon Yates에게도 감사를 전한다.

매일 생각만 하는 일을 진짜로 해내고 싶다면

1판 1쇄 인쇄 2024년 8월 12일
1판 1쇄 발행 2024년 8월 30일

지은이 가이 가와사키, 매디선 누이스머
옮긴이 정지현

발행인 양원석 **편집장** 김건희 **책임편집** 서수빈
디자인 스튜디오 포비 **영업마케팅** 양정길, 윤송, 김지현, 한혜원, 정다은, 유민경

펴낸 곳 ㈜알에이치코리아
주소 서울시 금천구 가산디지털2로 53, 20층 (가산동, 한라시그마밸리)
편집문의 02-6443-8903 **도서문의** 02-6443-8800
홈페이지 http://rhk.co.kr
등록 2004년 1월 15일 제2-3726호

ISBN 978-89-255-7464-6 (03190)